プリント形式のリアル過去問で本番の臨場感！

広島県

福山暁の星女子中学校

2025年春受験用

解答集

本書は，実物をなるべくそのままに，プリント形式で年度ごとに収録しています。
問題用紙を教科別に分けて使うことができるので，本番さながらの演習ができます。

■　収録内容

・解答集(この冊子です)

書籍ＩＤ番号，この問題集の使い方，最新年度実物データ，リアル過去問の活用，
解答例と解説，ご使用にあたってのお願い・ご注意，お問い合わせ

・2024(令和６)年度　～　2022(令和４)年度　学力検査問題

JN132310

〇は収録あり

年度	'24	'23	'22			
■ 問題(教科型・適性検査型)	〇	〇	〇			
■ 解答用紙	〇	〇	〇			
■ 配点						

算数に解説
があります

注)問題文非掲載:2024年度適性検査2, 2023年度適性検査2, 2022年度国語の一と適性検査2

問題文の非掲載につきまして

著作権上の都合により，本書に収録している過去入試問題の本文の一部を掲載しておりません。ご不便をおかけし，誠に申し訳ございません。
本文の一部を掲載できなかったことによる国語の演習不足を補うため，論説文および小説文の演習問題のダウンロード付録があります。弊社ウェブサイトから書籍ＩＤ番号を入力してご利用ください。
なお，問題の量，形式，難易度などの傾向が，実際の入試問題と一致しない場合があります。

教英出版

■ 書籍ＩＤ番号

入試に役立つダウンロード付録や学校情報などを随時更新して掲載しています。
教英出版ウェブサイトの「ご購入者様のページ」画面で，書籍ＩＤ番号を入力してご利用ください。

書籍ＩＤ番号　113432

（有効期限：2025年9月30日まで）

【入試に役立つダウンロード付録】
「要点のまとめ(国語／算数)」
「課題作文演習」ほか

■ この問題集の使い方

年度ごとにプリント形式で収録しています。針を外して教科ごとに分けて使用します。①片側，②中央のどちらかでとじてありますので，下図を参考に，問題用紙と解答用紙に分けて準備をしましょう（解答用紙がない場合もあります）。

針を外すときは，けがをしないように十分注意してください。また，針を外すと紛失しやすくなりますので気をつけましょう。

① 片側でとじてあるもの

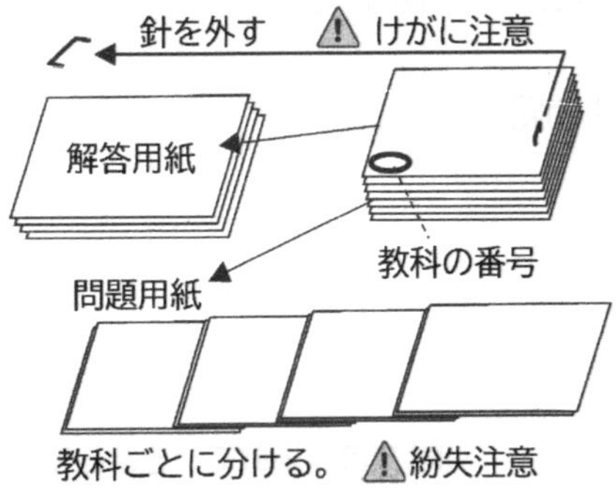

② 中央でとじてあるもの

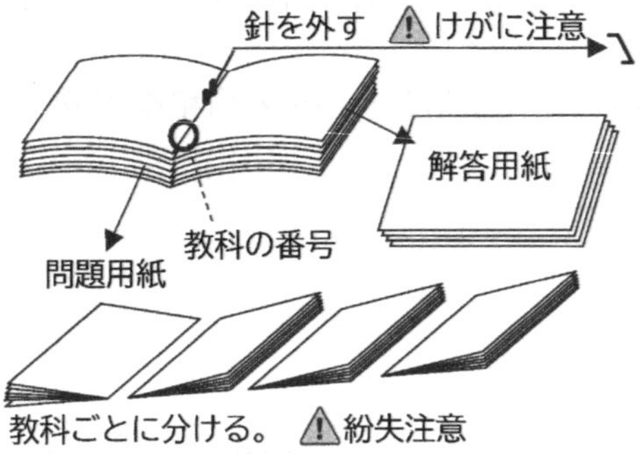

※教科数が上図と異なる場合があります。
解答用紙がない場合や，問題と一体になっている場合があります。
教科の番号は，教科ごとに分けるときの参考にしてください。

■ 最新年度 実物データ

実物をなるべくそのままに編集していますが，収録の都合上，実際の試験問題とは異なる場合があります。実物のサイズ，様式は右表で確認してください。

問題用紙	国・算：Ｂ５冊子(二つ折り) 適性：Ａ４冊子(二つ折り)
解答用紙	Ｂ４片面プリント

リアル過去問の活用

～リアル過去問なら入試本番で力を発揮することができる～

本番を体験しよう！

問題用紙の形式（縦向き / 横向き），問題の配置や余白など，実物に近い紙面構成なので本番の臨場感が味わえます。まずはパラパラとめくって眺めてみてください。「これが志望校の入試問題なんだ！」と思えば入試に向けて気持ちが高まることでしょう。

入試を知ろう！

同じ教科の過去数年分の問題紙面を並べて，見比べてみましょう。

①　問題の量

毎年同じ大問数か，年によって違うのか，また全体の問題量はどのくらいか知っておきましょう。どのくらいのスピードで解けば時間内に終わるのか，大問ひとつにかけられる時間を計算してみましょう。

②　出題分野

よく出題されている分野とそうでない分野を見つけましょう。同じような問題が過去にも出題されていることに気がつくはずです。

③　出題順序

得意な分野が毎年同じ大問番号で出題されていると分かれば，本番で取りこぼさないように先回りして解答することができるでしょう。

④　解答方法

記述式か選択式か（マークシートか），見ておきましょう。記述式なら，単位まで書く必要があるかどうか，文字数はどのくらいかなど，細かいところまでチェックしておきましょう。計算過程を書く必要があるかどうかも重要です。

⑤　問題の難易度

必ず正解したい基本問題，条件や指示の読み間違いといったケアレスミスに気をつけたい問題，後回しにしたほうがいい問題などをチェックしておきましょう。

問題を解こう！

志望校の入試傾向をつかんだら，問題を何度も解いていきましょう。ほかにも問題文の独特な言いまわしや，その学校独自の答え方を発見できることもあるでしょう。オリンピックや環境問題など，話題になった出来事を毎年出題する学校だと分かれば，日頃のニュースの見かたも変わってきます。

こうして志望校の入試傾向を知り対策を立てることこそが，過去問を解く最大の理由なのです。

実力を知ろう！

過去問を解くにあたって，得点はそれほど重要ではありません。大切なのは，志望校の過去問演習を通して，苦手な教科，苦手な分野を知ることです。苦手な教科，分野が分かったら，教科書や参考書に戻って重点的に学習する時間をつくりましょう。今の自分の実力を知れば，入試本番までの勉強の道すじが見えてきます。

試験に慣れよう！

入試では時間配分も重要です。本番で時間が足りなくなってあわてないように，リアル過去問で実戦演習をして，時間配分や出題パターンに慣れておきましょう。教科ごとに気持ちを切り替える練習もしておきましょう。

心を整えよう！

入試は誰でも緊張するものです。入試前日になったら，演習をやり尽くしたリアル過去問の表紙を眺めてみましょう。問題の内容を見る必要はもうありません。どんな形式だったかな？受験番号や氏名はどこに書くのかな？…ほんの少し見ておくだけでも，志望校の入試に向けて心の準備が整うことでしょう。

そして入試本番では，見慣れた問題紙面が緊張した心を落ち着かせてくれるはずです。

※まれに入試形式を変更する学校もありますが，条件はほかの受験生も同じです。心を整えてあせらずに問題に取りかかりましょう。

福山暁の星女子中学校

《国　語》

一　問1．1．そ　2．けんぶん　3．まちかど　4．自負　5．簡素　6．備

問2．1．ウ　2．イ　3．ア　4．エ

二　問1．A．ウ　B．エ　問2．自分が気になったことは、どんなことをしても知りたがる　問3．ことになったんだよ」　問4．イ　問5．空襲で亡くなった二十三人の中に、まさか田中さんの母と妹が含まれていたとは思っておらず、田中さんの前で「少ない」と反応してしまい、こうかいする気持ち。　問6．ア　問7．オ　問8．カブトムシの幼虫が成虫になるよりも、もっと信じられないような気持ち　問9．おれと同じ年だった田中さんが、年寄りになるまでの長い長い年月／自分のこれからの人生　問10．ア　問11．田中さんは、穏やかで心が広く、人への感謝を忘れない人物だと思う。なぜそのように考えたかというと、拓人たちの失礼なもの言いに腹も立てず「愉快そうにうなずい」たり、「穏やかな口調」で答えたりしているからだ。また、先々代の住職や働かせてくれた人たちへの感謝を口にしていたり、ずいぶん年の離れた三人が掃除をしてくれたことに対して「とても喜んで」くれ、感謝の気持ちを表したりしていた。田中さんは、常に相手を大切に思う気持ちを持っている人だ。

《算　数》

1　(1)7　(2)23　(3)8　(4)770　(5)5.2　(6)96人　(7) $\frac{5}{8}$，$\frac{3}{4}$，0.76，$\frac{4}{5}$

2　(1)24 ㎠　(2)84.78 ㎠　(3)91°　(4)240 ㎤　(5)251.2 ㎠

3　(1)(イ)　(2)16 ㎝　(3)6 ㎝　(4)30分後

4　(1)19　(2)28の約数は1，2，4，7，14，28　28以外の約数をすべて足すと1＋2＋4＋7＋14＝28
和が28になるので，28は完全数である。

(3)〈1つ目のグループ〉　ルール…1以上の同じ整数を2回かけてできる　名前…ツーナンバー〔別解〕平方数
5つの数…1，4，9，16，25

〈2つ目のグループ〉　ルール…このグループにふくまれる数を小さい順に並べたとき，1からスタートし，となり合う数の差が1，2，3，4，5，6，…と，1ずつ増えていく　名前…段々足し算数〔別解〕階差数列
5つの数…1，2，4，7，11

《適性検査1》

問題1　(1)ウ　(2)水が少ないペットボトルBの方が，ペットボトルAに比べて，支点からおもりの中心までのきょりが長くなる。そのため，ペットボトルBの方が往復にかかる時間が長くなる。

問題2　(1)ウ　(2)せんい原料である綿花を輸入して，生糸だけでなく，綿製品などのせんい製品も輸出するようになった。

問題3　北半球は陸地の面積が大きく，また，夏になると陸地では植物の光合成がさかんになるので，より多くの二酸化炭素が吸収されるから。

問題4　B／もみじまんじゅうは，48÷4＝12(箱)買う。A店では，360×12＝4320(円)　B店では5箱目からは1箱

70円引きの330円になるので，400×４＋330×８＝4240(円)　よって，Ｂ店の方が安い。

問題５　⑴６　　⑵1313.28

《適性検査２》

(１字あける)私がこれからの社会を生きるうえで身につけるべきだと思う力は、コミュニケーション能力です。(改行)ＡＩは、すでにあるデータの中から答えを出していくことは得意ですが、新しいことを知りたい、人の役に立ちたい、モノや仕組みを作りたいといった欲求は持っていません。また、人間の喜びや悲しみや痛みに共感することは不得意です。私はそのような人間にしかない欲求や感情への共感性がこれからの社会ではいっそう大切になっていくと思います。そして、知りたい、人の役に立ちたいといった欲求を満たし、共感し相手を思いやることができるようになるためには、自分の考えや気持ちをきちんと相手に伝え、仲間といっしょに考えたり、アイデアを出し合って解決策を生み出したりするためのコミュニケーション能力が必要だと考えます。(改行)その力を身につけるために私は、中学校で新しく出会うたくさんのクラスメイトと、いろいろな話をし、協力して意見を出し合いながら学びを進めていきたいです。

【適性検査１　算数分野の解説】

問題４　Ｂ店でもみじまんじゅうを28個，つまり28÷４＝７(箱)買うときの金額は2590円になる。これは，５箱以上買うと，５箱目からがすべて70円引きになり，400×４＋(400−70)×(７−４)＝2590(円)になるということである。同様に48個買う場合について計算すると，解答例のようにＢ店の方が安くなる。

問題５

⑴　図形を線対称の軸で半分に切り取っていくとき，何回切り取れるかを考える。例えば右図のような手順で切り取ることができるから，切り取る部分の面積をできるだけ小さくするとき，６回折れば折り曲げる回数が最も少なくなる。

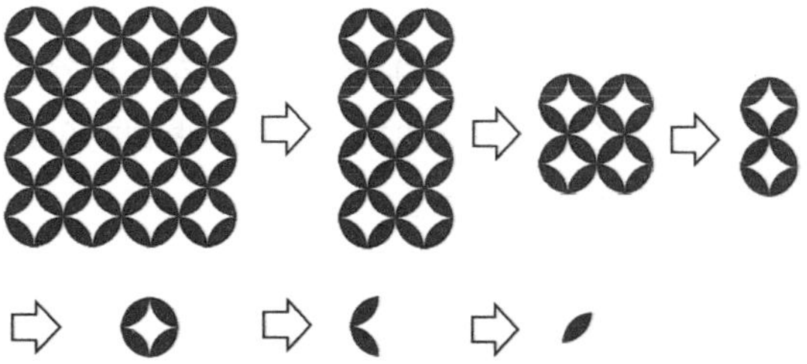

⑵　⑴で６回折り曲げた図形について，右の葉っぱ型の図形の面積を利用して求める。正方形の紙の１辺の長さは48㎝であり，２回折ると１辺の長さが48÷２＝24(㎝)の正方形に，４回折ると１辺の長さが24÷２＝12(㎝)の正方形に，６回折ると１辺の長さが12÷２＝６(㎝)の正方形になるから，６回折ったときの花びら模様の面積は６×６×0.57＝20.52(㎠)である。よって，花びら模様の部分すべての面積は20.52×４×16＝1313.28(㎠)である。

葉っぱ型の図形の面積

右の斜線《しゃせん》部分の面積は，

(円の$\frac{1}{4}$の面積)×２−(正方形の面積)＝

(１×１×3.14×$\frac{1}{4}$)×２−１×１＝0.57だから，

(葉っぱ型の面積)＝(正方形の面積)×0.57

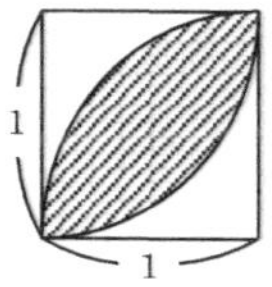

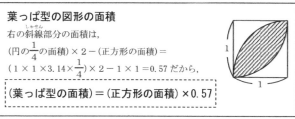

1 (1) 与式$=20-13=$**7**　(2) 与式$=17+6=$**23**

(3) 与式$=\frac{3}{2}\div\frac{1}{2}+20\times\frac{1}{4}=\frac{3}{2}\times2+5=3+5=$**8**

(4) 与式$=7\times11\times2\times5=$**770**

(5) 与式より，$\square=5+0.6-0.4=$**5.2**

(6) 120人の8割は，$120\times0.8=$**96(人)**

(7) **【解き方】通分して分母をそろえてから比べる。**

$0.76=\frac{19}{25}$だから，4，5，8，25の最小公倍数の200に分母をそろえて通分すると，$\frac{4}{5}=\frac{160}{200}$，$0.76=\frac{152}{200}$，$\frac{5}{8}=\frac{125}{200}$，$\frac{3}{4}=\frac{150}{200}$となるから，小さい方から順に，**$\frac{5}{8}$，$\frac{3}{4}$，0.76，$\frac{4}{5}$**となる。

2 (1) 色つき部分の面積は，底辺の長さが6cm，高さが8cmの三角形の面積だから，$6\times8\div2=$**24(cm²)**である。

(2) 色つき部分の面積は，半径が6cmの半円の面積1つ分と，半径が$6\div2=3$(cm)の半円の面積2つ分の和だから，$6\times6\times3.14\div2+(3\times3\times3.14\div2)\times2=$**84.78(cm²)**である。

(3) 三角形の1つの外角はこれととなり合わない2つの内角の和に等しいから，角(ア)$=48°+43°=$**91°**である。

(4) 直方体の体積は$6\times5\times8=$**240(cm³)**

(5) **【解き方】円柱の展開図は右図のようになる。**

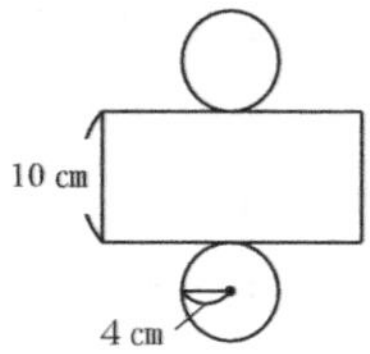

側面の長方形は縦の長さが10cm，横の長さが底面の円の円周の長さと等しく$4\times2\times3.14=8\times3.14$(cm)だから，求める面積は$10\times8\times3.14=$**251.2(cm²)**である。

3 (1) **【解き方】水を入れ始めて5分後から10分後まで，水面の高さの差がちぢまっているから，水そうAが満水になっている。さらに10分後から水そうAの水を抜き始め，12分後に2つの水そうの水面の高さが等しくなった。**

水を入れ始めて5分後から10分後までは，水そうAの水面の高さは80cmで一定だから，**(イ)**のグラフが適する。

(2) 水面の高さは水を入れ始めて5分後に80cmになったから，1分あたり$80\div5=$**16(cm)**ずつ高くなる。

(3) **【解き方】水そうAが満水になってから水を抜き始めるまでの，水面の高さの差について考える。**

水そうAが満水になってから水を抜き始めるまでの$10-5=5$(分間)に，水面の高さの差は$50-20=30$(cm)だけちぢまった。よって，水そうBの水面の高さは1分あたり$30\div5=$**6(cm)**ずつ高くなる。

(4) **【解き方】水そうAの水を抜き始めてから$12-10=2$(分後)に，2つの水そうの水面の高さが等しくなる。**

水そうBの水面の高さは2分間に$6\times2=12$(cm)だけ高くなるから，水を抜き始めた後，水そうAの水面の高さは1分間に$(20-12)\div2=4$(cm)ずつ下がっていく。よって，水を抜き始めて$80\div4=20$(分後)に水がなくなるので，水そうに水を入れ始めてから$10+20=$**30(分後)**である。

4 (1) 素数は小さい順に2，3，5，7，11，13，17，19，…となるから，小さい方から8番目は**19**である。

(2) 約数を求めるときは，積がその数になるような2つの整数の組を探すとよい。積が28になる2つの整数の組は1と28，2と14，4と7だから，28の約数はこれらの$3\times2=$**6(個)**である。

(3) 解答例以外にも，条件に合う整数のグループであればよい。例えば，中学入試でよく出題されるものとして，フィボナッチ数列がある。これは，1，2，3，5，8，13，21，…のように，直前の2つの数の和が連続していく数の列のことをいう。

2023 解答例 令和5年度　福山暁の星女子中学校

《国　語》

一　問1．1．しゃそう　2．ちょめい　3．いただ　4．射　5．縦断　6．操作　問2．1．足　2．口　3．鼻　4．目　問3．1．エ　2．イ

二　問1．(1)「いらっしゃいませ、こんにちは」　(2)似た意味や気持ちの言葉を二回、別な言葉でわざわざ言う　問2．オ　問3．X．ア　Y．イ　Z．ア　問4．1．C　2．A　3．B　問5．相手の顔や姿が見えないという状況で、気持ちを入れられない言葉を言わなければならないから。　問6．感情の入っていない「捨て言葉」　問7．ウ　問8．(1)(例文)自分の家の近くにはゴミを捨てないのに、キャンプ場には自分の出したゴミを残していく人がいる。　(2)(例文)ゴミを残していった人たちにとって、自分の家の近所の人は「世間」の人だが、キャンプ場で自分たちの後にその場所を使う人たちは、自分とは関係ない「社会」の人だからだ。自分にとって「世間」の人である近所の人には、自分がかかわりを持っているのでふだんから迷わくをかけないよう行動し、ゴミもきちんと自分で片付ける。しかし、自分たちがキャンプをした後にキャンプ場に来てその場所を使う人たちは、会ったこともない、自分とはかかわりを持たない「社会」の人なので、ゴミを置いて帰ってその人たちがいやな気持ちになってもかまわないと思っているのだと考える。

《算　数》

1　(1)4　(2)$3\frac{3}{5}$　(3)$\frac{2}{3}$　(4)5　(5)$2\frac{1}{10}$　(6)1500円　(7)315

2　(1)6 cm^2　(2)71°　(3)109.9 cm^2　(4)9.14 cm　(5)80 cm^3

3　(1)時速12 km　(2)イ

※4　(1)右図　(2)[番号／説明][①／一方が1cm，もう一方が12cmの長方形だから。][②，③，④，⑤，⑥／一方が2cm，もう一方が6cmの長方形だから。][⑦，⑧，⑨，⑩／一方が3cm，もう一方が4cmの長方形だから。]

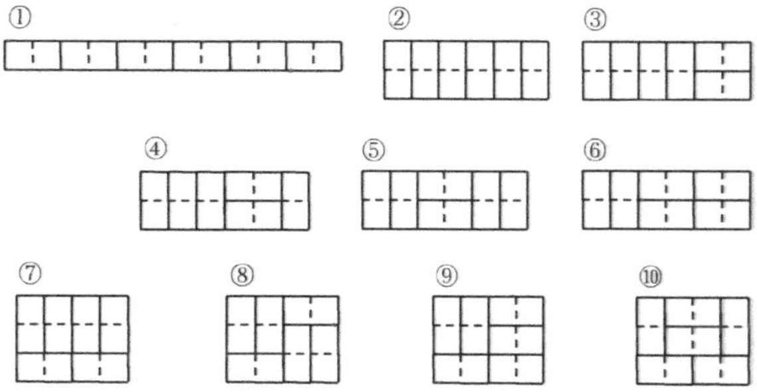

※の別解は解説を参照してください。

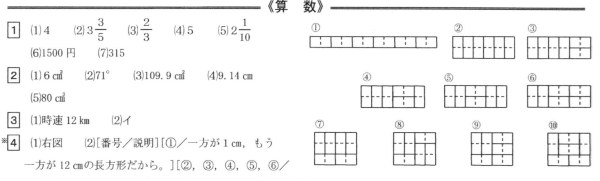

《適性検査１》

問題１　呼吸数を増やし，より多くの酸素を体に取り入れているから。／心拍数を上げ，より早く体に酸素を送りこんでいるから。

問題２　天候不順による米の不作によって米の価格が高くなり，人々が米を手に入れるのが難しくなったから。

問題３　ア／東海地方は他の地方と比べて製造品出荷額等が多く，工業が発達していて，工業用水が必要と考えられるから。

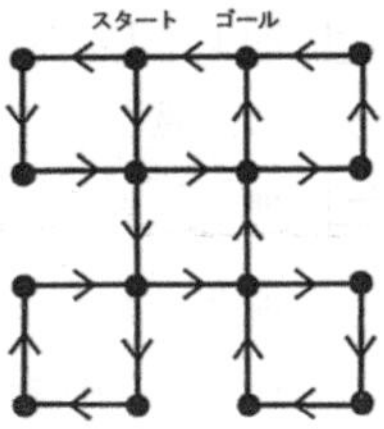

問題４　15／右図(矢印は書いてなくても正解とする。)

問題５　１人の生徒が受け取るカードはもっとも多い場合で19枚，もっとも少ない場合で１枚。生徒は20人いるので，少なくとも２人の生徒は同じカードの枚数になるから。

《適性検査２》

(《資料１》を選んだ場合の例文)

私は、いろいろなことに興味を持ち、出来ることや楽しいと思えることをどんどん増やしていける人になりたいと考えている。

それは、私の将来の目標がピアノ留学で、これから練習を続ける中で新しいことや難しく思えることに出会っても、にげずに成長していきたいと思っているからだ。

私はピアノのグレード試験で、しん査の先生から「歌うようにひきなさい」と何度か注意を受けたことがあった。去年、ただ練習をしているのではいけないと思い、課題曲をいろいろな人がひいているＣＤを聞いたり、作曲家の伝記を読んだり、ピアノの先生と曲について話したりした。そうすると、作曲家の思いや曲のテーマを自分なりに想像し、その気持ちを表現することが足りていなかったと気づくことができた。以前より、一小節ごとの理解が深まり、曲全体がもっと味わえるようになった。

このことから、私は岩田さんのように、どんなことにも向き合って地道に答えを探し、その中での経験や発見を自分のものにして楽しいと思える人になりたいと思う。

【適性検査１　算数分野の解説】

問題４　一筆書きできるかどうかは右のように確認することができる。

一筆書きできるかどうかの確認のしかた

(ⅰ)それぞれ頂点について，出ている線の数が奇数か偶数かを調べる。
(ⅱ)線の数が奇数の頂点が０個なら，一筆書きできる。
　一筆書きすると出発点と終着点が同じになる。
(ⅲ)線の数が奇数の頂点が２個なら，一筆書きできる。
　一方の奇数の頂点から出発して，もう一方の奇数の頂点に着くことになる。
(ⅳ)以上の条件にあてはまらなければ，一筆書きできない。

できるだけ頂点から出ている線が多くなれば点数も大きくなるので，内側の４つの点から出る線が４本になるように線を引くと，図Ⅰのようになる。図Ⅰの○印の頂点から出ている線が２本になり，さらにできるだけ点数が高くなるように線をひくと，図Ⅱのようになる。頂点から出ている線が奇数の頂点は２個でもよいので，さらに図Ⅱの①～④のいずれかの部分に線をひくと，点数が最大になる。

図Ⅰ

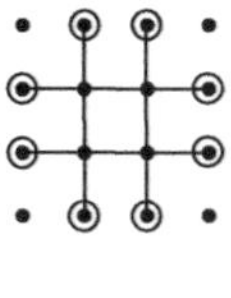

図Ⅱ

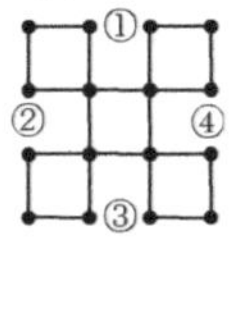

また，スタートとゴールは出ている線が奇数の頂点となる。

問題５　誰とも出会わなかった人がいないので，全員１枚はカードを交換《こうかん》している。また，交換したカードの枚数は最大で，自身を除いた20－１＝19(枚)になるため，解答例のように説明できる。

福山暁の星女子中学校

1 (1) 与式＝10－6＝**4**　(2) 与式＝$\frac{3}{2}\times\frac{12}{5}=\frac{18}{5}=$ **$3\frac{3}{5}$**

(3) 与式＝$\frac{5}{2}\times\frac{2}{5}-\frac{1}{3}=1-\frac{1}{3}=$ **$\frac{2}{3}$**　(4) 与式＝{(21－12)＋11}÷4＝(9＋11)÷4＝20÷4＝**5**

(5) 与式より，$\frac{2}{5}+\square=\frac{5}{2}$　$\square=\frac{5}{2}-\frac{2}{5}=\frac{25}{10}-\frac{4}{10}=\frac{21}{10}=$ **$2\frac{1}{10}$**

(6) 利益は $1200\times\frac{25}{100}=300$(円)なので，定価は，1200＋300＝**1500(円)**

(7) 3つ以上の数の最小公倍数を求めるときは，右のような筆算を利用する。3つの数のうち2つ以上を割り切れる素数で次々に割っていき(割れない数はそのまま下におろす)，割った数と割られた結果残った数をすべてかけあわせれば，最小公倍数となる。

3) 9　15　21
　 3　5　7

よって，求める最小公倍数は，3×3×5×7＝**315**

2 (1) 4cmの辺を底辺とすると，高さが3cmなので，求める面積は，4×3÷2＝**6(cm²)**

(2) 右のように記号をおく。三角形の1つの外角は，これととなり合わない2つの内角の和に等しいから，(イ)の角度は，136°－32°＝104°

よって，(ア)の角度は，104°－33°＝**71°**

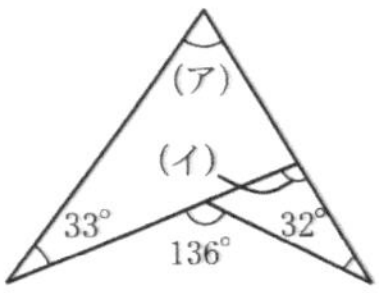

(3) 大きい円の面積が6×6×3.14＝36×3.14(cm²)，小さい円の面積が1×1×3.14＝3.14(cm²)だから，求める面積は，36×3.14－3.14＝35×3.14＝**109.9(cm²)**

(4) **【解き方】おうぎ形の曲線部分の長さは，(半径を同じとする円周の長さ)×$\frac{(中心角)}{360°}$で求められる。**

おうぎ形の曲線部分の長さは $3\times2\times3.14\times\frac{60°}{360°}=3.14$(cm)だから，求める長さは，3.14＋3×2＝**9.14(cm)**

(5) **【解き方】右のように立体を2つにわけて考える。**

a＝4－2＝2(cm)，b＝7－4＝3(cm)だから，求める体積は，

4×3×2＋4×7×2＝24＋56＝**80(cm³)**

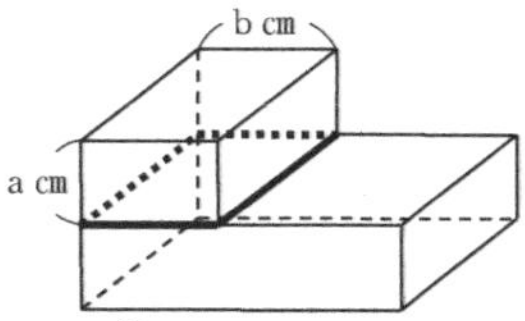

3 (1) グラフは横6マスで10時－9時＝1時間を表すから，横1マスは$\frac{1}{6}$時間(10分)を表す。よって，妹は$\frac{1}{6}\times4=\frac{2}{3}$(時間)で8km進んだから，速さは，時速$(8\div\frac{2}{3})$km＝**時速12km**

(2) 休んだ20分間は進んだ距離が変化しない。そのようなグラフは(ア)と(イ)と(ウ)である。休んだ20分間以外は一定の速さで走ったので，その間のグラフの傾きは一定となる。そのようなグラフは(イ)と(エ)である。よって，正しいグラフは**(イ)**である。

4 長方形のタイル6枚の面積の和は(1×2)×6＝12(cm²)なので，1cm×12cm，2cm×6cm，3cm×4cmの長方形ができることがわかる。右のように15通りのしきつめ方が考えられる。これを解答例のようにグループ分けすると，一方が1cm，もう一方が12cmの長方形が①，一方が2cm，もう一方が6cmの長方形が②～⑩，一方が3cm，もう一方が4cmの長方形が⑪～⑮となる。

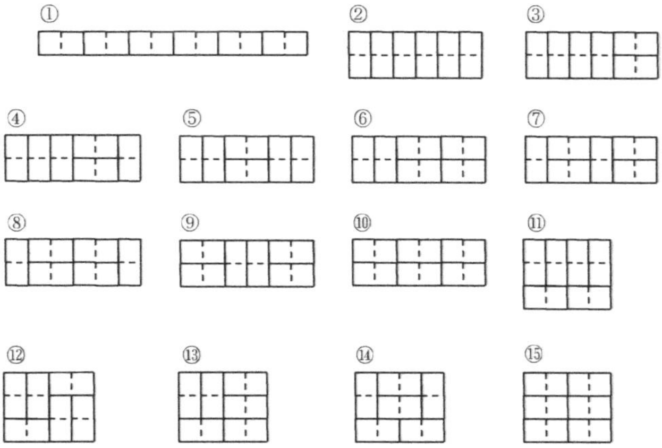

また，縦向きの長方形の個数に注目してグループ分けをすると，縦向きの長方形が6個の四角形が②，縦向きの長方形が4個の四角形が③④⑤⑪⑫，縦向きの長方形が2個の四角形が⑥⑦⑧⑨⑬⑭，縦向きの長方形が0個の長方形が①⑩⑮となる。このように，グループ分けの仕方は他にもいくつかある。

2022 解答例 令和４年度

福山暁の星女子中学校

《国　語》

一　問１．a．光景　b．所属　c．談話　d．貸　e．意外　f．制　問２．父親はほんとうの勝ち負けのあるアマチュアレスリングの世界にいるのがこわかったので、勝ち負けのよくわからないプロレスの世界へにげこんだと思っているから。　問３．お客さんが楽しんで見てくれるものにする　問４．むすこに仕事や生き方を否定された牛之助のさびしい気持ちを考えて、牛之助のことをかわいそうに思う気持ち。　問５．A．胸　B．指　問６．ウ　問７．エ

二　問１．ア　問２．ウ　問３．A．イ　B．ア　C．ア　D．イ　問４．高い音は、～わりにくい
問５．低い音の部分は開けた場所で遠くまで聞こえ、高い音の部分は木の葉が茂った場所でもその間をすりぬけて聞こえるため、茂ったところと開けたところの両方の要素があるやぶの中でも遠くまで声を聞かせることができるという効果。

《算　数》

1　(1)①９　②$\frac{2}{3}$　③６　(2)２，30　(3)180　(4)３　(5)92　(6)６　(7)ア，ウ，オ

※2　(1)大人…1200　子ども…700　(2)179.44

3　(1)700　(2)オ．$\frac{5}{6}$　カ．$\frac{5}{18}$　キ．$\frac{5}{9}$　(3)ア．1260　イ．560　ウ．4.5　エ．12

※4　(1)18.84　(2)32.97　(3)$52\frac{1}{3}$

5　(1)ア．２　イ．４　ウ．８　エ．２　オ．４　カ．８　キ．６　※(2)４　※(3)406

※の式は解説を参照してください。

《適性検査１》

問題１　６

問題２　36　式…８＋７＋６＋５＋４＋３＋２＋１＝36回

問題３　牛肉や豚肉は仏教の影響で食べることが多くなかったため，大豆でできた食品を食べることで，タンパク質をとっていたから。

問題４　ドライアイスが気体になることで体積が増えてビニール袋がふくらみ，ソーラーバルーンと同様にうかびあがろうとする力が生じたから。

問題５　細菌のエサになる物質が減り，また，細菌を食べてしまう動物プランクトンが増加したから。

問題６　最初は増加した細菌や動物プランクトンが呼吸によって酸素を使うため水中の酸素量は減少したが，その後，植物プランクトンが増加してくると植物プランクトンの光合成によって酸素が放出され，水中の酸素量が増加してきたから。

問題７　かわいた冬の季節風が，暖流である対馬海流が流れる日本海を通る時にしめった風に変わる。その後，越後山脈にあたって上しょうする時に冷やされて雲ができる。

問題８　かわいた冬の季節風が，朝鮮半島を通ってから福岡市にふくため，日本海の上空を通るきょりが短く，雪を降らせるために十分なしめった風に変わることができないから。

《適性検査２》

（例文）

人間の幸せにとって大切な因子は「やってみよう因子」だと私は考える。

なぜなら、何ごともちょうせんしてみないと始まらないと考えるからだ。

たとえば、私は小学校で、色々やってみようと思ってはいても、実際に行動することができず、後かいした経験がたくさんある。やってみようと思っても、失敗した時のことなどを考えると一歩ふみ出せないでいた。しかし、これでは自分が後かいするだけで自分は全然成長しないということがわかった。それに、資料にあるように、主体的にわくわくしながらがんばっている人は幸福度が高いとある。だから、中学生になったら何事にもちょうせんし、新しいことを学んでいきたいと考えている。特に、私がやりたいことは生徒会で、人を引っ張っていくことをやってみたいと思い、今からわくわくしている。

これらのことから、人間の幸せにとって大切な因子は、「やってみよう因子」だと考えた。

【適性検査１　算数分野の解説】

問題１　４のカードを一番左に移すと，１２３４→１２４３→１４２３→４１２３

ここから，３のカードを左から２番目に移すと，４１２３→４１３２→４３１２

１と２の位置を入れかえると，４３１２→４３２１　　以上より，少なくとも6回交換する必要がある。

問題２　１回の交換で数字は１つずつしか左右に移動できないので，９のカードを一番左に移すには，必ず８回交換する必要がある。そのように８回交換した後，９のカードを除いた８枚のカードは１２３４５６７８の順で並んでおり，８のカードをこの８枚の中で一番左に移すには，必ず７回交換する必要がある。

以降，同じように交換をくり返していくと，交換する回数は８＋７＋６＋５＋４＋３＋２＋１＝36(回)だとわかる。

2022 算数解説 令和4年度 ▶福山暁の星女子中学校

←解答例は前のページにありますので，そちらをご覧ください。

1 (1)① 与式$=3\times3=9$

② 与式$=(\frac{8}{12}-\frac{3}{12})\times\frac{8}{5}=\frac{5}{12}\times\frac{8}{5}=\frac{2}{3}$

③ 与式$=\frac{3}{4}\times\frac{8}{3}\times\frac{1}{2}+5=1+5=6$

(2) 求める時間は，$120\div48=2.5$(時間)，つまり，2時間30分である。

(3) $450\times\frac{40}{100}=180$(人)

(4) 値引きされた金額《きんがく》は$500-350=150$(円)なので，$\frac{150}{500}\times10=3$(割引き)された。

(5) **【解き方】3で割っても5で割っても2余る数は，3と5の最小公倍数である15の倍数より2大きい数である。**

15の倍数のうち100に近い数を探すと，$100\div15=6$余り10より，$100-10=90$と$90+15=105$が見つかる。

よって，求める数は，$90+2=92$である。

(6) (赤，緑)(赤，青)(赤，黄)(緑，青)(緑，黄)(青，黄)の6通りある。

(7) 9に1より小さい数をかけると9より小さくなり，9を1より大きい数でわると9より小さくなる。

よって，9より小さくなるものは，ア，ウ，オである。

2 (1) 大人3人，子ども5人の入場料の合計が7100円であり，子ども5人を大人5人に置きかえると，入場料は$500\times5=2500$(円)高くなるから，大人8人の入場料の合計は，$7100+2500=9600$(円)

よって，大人1人の入場料は，$9600\div8=1200$(円)，子ども1人の入場料は，$1200-500=700$(円)

(2) **【解き方】くりぬいた部分は，底面が1辺2cmの正方形で高さが6cmの四角柱に底面が半径1cmの円で高さが$(6-2)\div2=2$(cm)の円柱2つを合わせた立体である。**

求める体積は，$6\times6\times6-2\times2\times6-1\times1\times3.14\times2\times2=216-24-12.56=179.44$(cm³)

3 (1) 時速8.4kmの速さで走った時間は5分間$=\frac{5}{60}$時間$=\frac{1}{12}$時間だから，求める道のりは，$8.4\times\frac{1}{12}=0.7$(km)，つまり，$0.7\times1000=700$(m)である。

(2) 全体の道のりを1とすると，Aさんが最初に$\frac{1}{6}$だけ走ったので，残りは$1-\frac{1}{6}=$ オ$\frac{5}{6}$である。

そのうちの$\frac{1}{3}$を歩いたので，歩いた道のりは$\frac{5}{6}\times\frac{1}{3}=$ カ$\frac{5}{18}$である。

よって，最後に5分間走った道のりは，$\frac{5}{6}-\frac{5}{18}=\frac{10}{18}=$ キ$\frac{5}{9}$である。

(3) (2)より，全体の道のりを1とすると，$\frac{5}{9}$が700mにあたるので，全体の道のりは，ア$=700\div\frac{5}{9}=1260$(m)

5分間走った道のりは700mなので，イ$=1260-700=560$(m)，エ$=17-5=12$(分)

最初に走った速さは時速$(8.4\times\frac{1}{3})$km＝時速2.8km＝分速$\frac{2.8\times1000}{60}$m＝分速$\frac{140}{3}$mであり，最初に走った道のりは$1260\times\frac{1}{6}=210$(m)だから，ウ$=210\div\frac{140}{3}=4.5$(分)

4 (1) 色のついた部分は半径6cm，中心角60°のおうぎ形なので，面積は，$6\times6\times3.14\times\frac{60°}{360°}=6\times3.14=18.84$(cm²)

(2) 色のついた部分は，(1)の色のついた部分に，半径が$6\div2=3$(cm)の半円を合わせた形なので，面積は，$6\times3.14+3\times3\times3.14\div2=(6+4.5)\times3.14=10.5\times3.14=32.97$(cm²)

(3) **【解き方】右のように作図し，面積を変えずに色のついた部分を移動させると，半径がAC＝10cm，中心角が角C′AC＝60°のおうぎ形となる。**

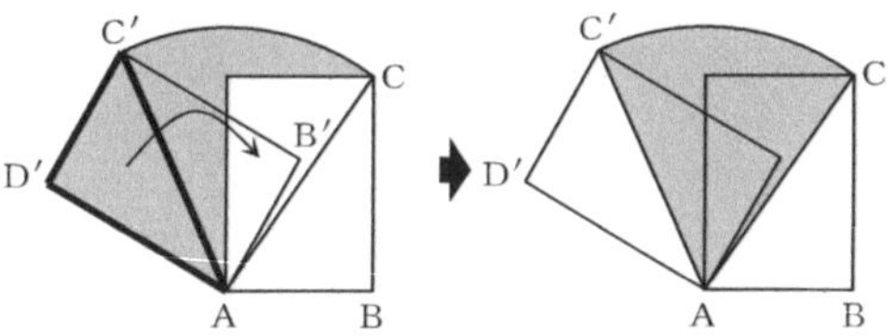

求める面積は，$10\times10\times3.14\times\frac{60°}{360°}=\frac{50}{3}\times3.14=\frac{157}{3}=52\frac{1}{3}$(㎠)

5 (1)　**【解き方】一の位の数だけを考えればいいので，２を何回かかけあわせていくとき，計算結果の一の位だけに２をかけることをくり返し，一の位の数の変化を調べる。**

一の位の数は，$\underline{2}\rightarrow2\times2=\underline{4}\rightarrow4\times2=\underline{8}\rightarrow8\times2=1\underline{6}\rightarrow6\times2=1\underline{2}\rightarrow\cdots$，と変化するので，２，４，８，６という４つの数がくり返される。したがって，ア＝２，イ＝４，ウ＝８，エ＝２，オ＝４，カ＝８，キ＝６となる。

(2)　(1)をふまえる。30÷４＝７余り２より，２を30回かけると，一の位の数は２，４，８，６を７回くり返し，その後２，４と変化するので，２◎30＝４である。

(3)　**【解き方】順に足していくと，４回足すごとに２＋４＋８＋６＝20大きくなる。**

2022÷20＝101余り２より，４回足すことを101回くり返すと，和は101×20＝2020となる。初めて2022をこえるのは，ここから２，４と足したとき（２だけだと2022なのでこえていない）なので，Ｃの値は，４×101＋２＝406

■ ご使用にあたってのお願い・ご注意

（1）問題文等の非掲載

著作権上の都合により，問題文や図表などの一部を掲載できない場合があります。

誠に申し訳ございませんが，ご了承くださいますようお願いいたします。

（2）過去問における時事性

過去問題集は，学習指導要領の改訂や社会状況の変化，新たな発見などにより，現在とは異なる表記や解説になっている場合があります。過去問の特性上，出題当時のままで出版していますので，あらかじめご了承ください。

（3）配点

学校等から配点が公表されている場合は，記載しています。公表されていない場合は，記載していません。

独自の予想配点は，出題者の意図と異なる場合があり，お客様が学習するうえで誤った判断をしてしまう恐れがあるため記載していません。

（4）無断複製等の禁止

購入された個人のお客様が，ご家庭でご自身またはご家族の学習のためにコピーをすることは可能ですが，それ以外の目的でコピー，スキャン，転載（ブログ，ＳＮＳなどでの公開を含みます）などをすることは法律により禁止されています。学校や学習塾などで，児童生徒のためにコピーをして使用することも法律により禁止されています。

ご不明な点や，違法な疑いのある行為を確認された場合は，弊社までご連絡ください。

（5）けがに注意

この問題集は針を外して使用します。針を外すときは，けがをしないように注意してください。また，表紙カバーや問題用紙の端で手指を傷つけないように十分注意してください。

（6）正誤

制作には万全を期しておりますが，万が一誤りなどがございましたら，弊社までご連絡ください。

なお，誤りが判明した場合は，弊社ウェブサイトの「ご購入者様のページ」に掲載しておりますので，そちらもご確認ください。

■ お問い合わせ

解答例，解説，印刷，製本など，問題集発行におけるすべての責任は弊社にあります。

ご不明な点がございましたら，弊社ウェブサイトの「お問い合わせ」フォームよりご連絡ください。迅速に対応いたしますが，営業日の都合で回答に数日を要する場合があります。

ご入力いただいたメールアドレス宛に自動返信メールをお送りしています。自動返信メールが届かない場合は，「よくある質問」の「メールの問い合わせに対し返信がありません。」の項目をご確認ください。

また弊社営業日（平日）は，午前９時から午後５時まで，電話でのお問い合わせも受け付けています。

2025 春

株式会社教英出版

〒422-8054　静岡県静岡市駿河区南安倍３丁目 12-28

TEL　054-288-2131　　FAX　054-288-2133

URL　https://kyoei-syuppan.net/

MAIL　siteform@kyoei-syuppan.net

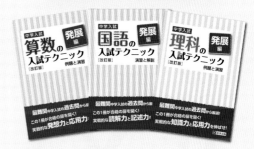

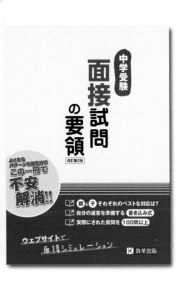

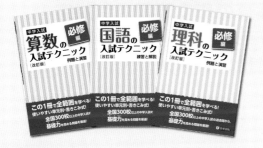

神奈川県

①［県立］相模原中等教育学校
　　　　平塚中等教育学校
②［市立］南高等学校附属中学校
③［市立］横浜サイエンスフロンティア高等学校附属中学校
④［市立］川崎高等学校附属中学校
✿⑤聖光学院中学校
✿⑥浅野中学校
⑦洗足学園中学校
⑧法政大学第二中学校
⑨逗子開成中学校（1次）
⑩逗子開成中学校（2·3次）
⑪神奈川大学附属中学校（第1回）
⑫神奈川大学附属中学校（第2·3回）
⑬栄光学園中学校
⑭フェリス女学院中学校

新潟県

①［県立］村上中等教育学校
　　　　柏崎翔洋中等教育学校
　　　　燕中等教育学校
　　　　津南中等教育学校
　　　　直江津中等教育学校
　　　　佐渡中等教育学校
②［市立］高志中等教育学校
③新潟第一中学校
④新潟明訓中学校

石川県

①［県立］金沢錦丘中学校
②星稜中学校

福井県

①［県立］高志中学校

山梨県

①山梨英和中学校
②山梨学院中学校
③駿台甲府中学校

長野県

①［県立］屋代高等学校附属中学校
　　　　諏訪清陵高等学校附属中学校
②［市立］長野中学校

岐阜県

①岐阜東中学校
②鶯谷中学校
③岐阜聖徳学園大学附属中学校

静岡県

①［国立］静岡大学教育学部附属中学校
　　　　（静岡·島田·浜松）
②［県立］清水南高等学校中等部
　［県立］浜松西高等学校中等部
　［市立］沼津高等学校中等部
③不二聖心女子学院中学校
④日本大学三島中学校
⑤加藤学園暁秀中学校
⑥星陵中学校
⑦東海大学付属静岡翔洋高等学校中等部
⑧静岡サレジオ中学校
⑨静岡英和女学院中学校
⑩静岡雙葉中学校
⑪静岡聖光学院中学校
⑫静岡学園中学校
⑬静岡大成中学校
⑭城南静岡中学校
⑮静岡北中学校
⑯常葉大学附属常葉中学校
　常葉大学附属橘中学校
　常葉大学附属菊川中学校
⑰藤枝明誠中学校
⑱浜松開誠館中学校
⑲静岡県西遠女子学園中学校
⑳浜松日体中学校
㉑浜松学芸中学校

愛知県

①［国立］愛知教育大学附属名古屋中学校
②愛知淑徳中学校
③名古屋経済大学市邨中学校
　名古屋経済大学高蔵中学校
④金城学院中学校
⑤椙山女学園中学校
⑥東海中学校
⑦南山中学校男子部
⑧南山中学校女子部
⑨聖霊中学校
⑩滝中学校
⑪名古屋中学校
⑫大成中学校
⑬愛知中学校
⑭星城中学校
⑮名古屋葵大学中学校
　（名古屋女子大学中学校）
⑯愛知工業大学名電中学校
⑰海陽中等教育学校（特別給費生）
⑱海陽中等教育学校（I·II）
⑲中部大学春日丘中学校
新刊⑳名古屋国際中学校

三重県

①［国立］三重大学教育学部附属中学校
②暁中学校
③海星中学校
④四日市メリノール学院中学校
⑤高田中学校
⑥セントヨゼフ女子学園中学校
⑦三重中学校
⑧皇學館中学校
⑨鈴鹿中等教育学校
⑩津田学園中学校

滋賀県

①［国立］滋賀大学教育学部附属中学校
②［県立］河瀬中学校
　　　　守山中学校
　　　　水口東中学校

京都府

①［国立］京都教育大学附属桃山中学校
②［府立］洛北高等学校附属中学校
③［府立］園部高等学校附属中学校
④［府立］福知山高等学校附属中学校
⑤［府立］南陽高等学校附属中学校
⑥［市立］西京高等学校附属中学校
⑦同志社中学校
⑧洛星中学校
⑨洛南高等学校附属中学校
⑩立命館中学校
⑪同志社国際中学校
⑫同志社女子中学校（前期日程）
⑬同志社女子中学校（後期日程）

大阪府

①［国立］大阪教育大学附属天王寺中学校
②［国立］大阪教育大学附属平野中学校
③［国立］大阪教育大学附属池田中学校

④[府立]富田林中学校
⑤[府立]咲くやこの花中学校
⑥[府立]水都国際中学校
⑦清風中学校
⑧高槻中学校（A日程）
⑨高槻中学校（B日程）
⑩明星中学校
⑪大阪女学院中学校
⑫大谷中学校
⑬四天王寺中学校
⑭帝塚山学院中学校
⑮大阪国際中学校
⑯大阪桐蔭中学校
⑰開明中学校
⑱関西大学第一中学校
⑲近畿大学附属中学校
⑳金蘭千里中学校
㉑金光八尾中学校
㉒清風南海中学校
㉓帝塚山学院泉ヶ丘中学校
㉔同志社香里中学校
㉕初芝立命館中学校
㉖関西大学中等部
㉗大阪星光学院中学校

兵庫県

①[国立]神戸大学附属中等教育学校
②[県立]兵庫県立大学附属中学校
③雲雀丘学園中学校
④関西学院中学部
⑤神戸女学院中学部
⑥甲陽学院中学校
⑦甲南中学校
⑧甲南女子中学校
⑨灘中学校
⑩親和中学校
⑪神戸海星女子学院中学校
⑫滝川中学校
⑬啓明学院中学校
⑭三田学園中学校
⑮淳心学院中学校
⑯仁川学院中学校
⑰六甲学院中学校
⑱須磨学園中学校(第1回入試)
⑲須磨学園中学校(第2回入試)
⑳須磨学園中学校(第3回入試)
㉑白陵中学校
㉒夙川中学校

奈良県

①[国立]奈良女子大学附属中等教育学校
②[国立]奈良教育大学附属中学校
③[県立]
- 国際中学校
- 青翔中学校

④[市立]一条高等学校附属中学校
⑤帝塚山中学校
⑥東大寺学園中学校
⑦奈良学園中学校
⑧西大和学園中学校

和歌山県

①[県立]
- 古佐田丘中学校
- 向陽中学校
- 桐蔭中学校
- 日高高等学校附属中学校
- 田辺中学校

②智辯学園和歌山中学校
③近畿大学附属和歌山中学校
④開智中学校

岡山県

①[県立]岡山操山中学校
②[県立]倉敷天城中学校
③[県立]岡山大安寺中等教育学校
④[県立]津山中学校
⑤岡山中学校
⑥清心中学校
⑦岡山白陵中学校
⑧金光学園中学校
⑨就実中学校
⑩岡山理科大学附属中学校
⑪山陽学園中学校

広島県

①[国立]広島大学附属中学校
②[国立]広島大学附属福山中学校
③[県立]広島中学校
④[県立]三次中学校
⑤[県立]広島叡智学園中学校
⑥[市立]広島中等教育学校
⑦[市立]福山中学校
⑧広島学院中学校
⑨広島女学院中学校
⑩修道中学校
⑪崇徳中学校
⑫比治山女子中学校
⑬福山暁の星女子中学校
⑭安田女子中学校
⑮広島なぎさ中学校
⑯広島城北中学校
⑰近畿大学附属広島中学校福山校
⑱盈進中学校
⑲如水館中学校
⑳ノートルダム清心中学校
㉑銀河学院中学校
㉒近畿大学附属広島中学校東広島校
㉓AICJ中学校
㉔広島国際学院中学校
㉕広島修道大学ひろしま協創中学校

山口県

①[県立]
- 下関中等教育学校
- 高森みどり中学校

②野田学園中学校

徳島県

①[県立]
- 富岡東中学校
- 川島中学校
- 城ノ内中等教育学校

②徳島文理中学校

香川県

①大手前丸亀中学校
②香川誠陵中学校

愛媛県

①[県立]
- 今治東中等教育学校
- 松山西中等教育学校

②愛光中学校
③済美平成中等教育学校
④新田青雲中等教育学校

高知県

①[県立]
- 安芸中学校
- 高知国際中学校
- 中村中学校

福岡県

①[国立]福岡教育大学附属中学校（福岡·小倉·久留米）
②[県立] 育徳館中学校
門司学園中学校
宗像中学校
嘉穂高等学校附属中学校
輝翔館中等教育学校
③西南学院中学校
④上智福岡中学校
⑤福岡女学院中学校
⑥福岡雙葉中学校
⑦照曜館中学校
⑧筑紫女学園中学校
⑨敬愛中学校
⑩久留米大学附設中学校
⑪飯塚日新館中学校
⑫明治学園中学校
⑬小倉日新館中学校
⑭久留米信愛中学校
⑮中村学園女子中学校
⑯福岡大学附属大濠中学校
⑰筑陽学園中学校
⑱九州国際大学付属中学校
⑲博多女子中学校
⑳東福岡自彊館中学校
㉑八女学院中学校

佐賀県

①[県立] 香楠中学校
致遠館中学校
唐津東中学校
武雄青陵中学校
②弘学館中学校
③東明館中学校
④佐賀清和中学校
⑤成穎中学校
⑥早稲田佐賀中学校

長崎県

①[県立] 長崎東中学校
佐世保北中学校
諫早高等学校附属中学校
②青雲中学校
③長崎南山中学校
④長崎日本大学中学校
⑤海星中学校

熊本県

①[県立] 玉名高等学校附属中学校
宇土中学校
八代中学校
②真和中学校
③九州学院中学校
④ルーテル学院中学校
⑤熊本信愛女学院中学校
⑥熊本マリスト学園中学校
⑦熊本学園大学付属中学校

大分県

①[県立]大分豊府中学校
②岩田中学校

宮崎県

①[県立]五ヶ瀬中等教育学校
②[県立] 宮崎西高等学校附属中学校
都城泉ヶ丘高等学校附属中学校
③宮崎日本大学中学校
④日向学院中学校
⑤宮崎第一中学校

鹿児島県

①[県立]楠隼中学校
②[市立]鹿児島玉龍中学校
③鹿児島修学館中学校
④ラ・サール中学校
⑤志學館中等部

沖縄県

①[県立] 与勝緑が丘中学校
開邦中学校
球陽中学校
名護高等学校附属桜中学校

もっと過去問シリーズ

北海道

北嶺中学校
7年分（算数・理科・社会）

静岡県

静岡大学教育学部附属中学校
（静岡·島田·浜松）
10年分（算数）

愛知県

愛知淑徳中学校
7年分（算数・理科・社会）
東海中学校
7年分（算数・理科・社会）
南山中学校男子部
7年分（算数・理科・社会）
南山中学校女子部
7年分（算数・理科・社会）
滝中学校
7年分（算数・理科・社会）
名古屋中学校
7年分（算数・理科・社会）

岡山県

岡山白陵中学校
7年分（算数・理科）

広島県

広島大学附属中学校
7年分（算数・理科・社会）
広島大学附属福山中学校
7年分（算数・理科・社会）
広島学院中学校
7年分（算数・理科・社会）
広島女学院中学校
7年分（算数・理科・社会）
修道中学校
7年分（算数・理科・社会）
ノートルダム清心中学校
7年分（算数・理科・社会）

愛媛県

愛光中学校
7年分（算数・理科・社会）

福岡県

福岡教育大学附属中学校
（福岡·小倉·久留米）
7年分（算数・理科・社会）
西南学院中学校
7年分（算数・理科・社会）
久留米大学附設中学校
7年分（算数・理科・社会）
福岡大学附属大濠中学校
7年分（算数・理科・社会）

佐賀県

早稲田佐賀中学校
7年分（算数・理科・社会）

長崎県

青雲中学校
7年分（算数・理科・社会）

鹿児島県

ラ·サール中学校
7年分（算数・理科・社会）

※もっと過去問シリーズは
国語の収録はありません。

教英出版
〒422-8054
静岡県静岡市駿河区南安倍3丁目12－28
TEL 054-288-2131
FAX 054-288-2133
詳しくは教英出版で検索
教英出版　検索
URL https://kyoei-syuppan.net/

二〇二四年度　福山暁の星女子中学校　入学試験問題

国語

（時間　五十分）

【注意事項《じこう》】

一　指示があるまで、中を見てはいけません。

二　開始の合図の後、解答用紙に受験番号を記入しなさい。

三　解答は、すべて解答用紙に記入しなさい。

四　解答するとき、字数の指定があるものについては、句読点などの記号も字数に数えます。

一 次の各問いに答えなさい。

問1 次の——線部の漢字は読みをひらがなで書き、カタカナは漢字に直しなさい。

1 上半身を反らす。　2 本を読んで見聞を広める。　3 友達と街角で出くわす。

4 だれよりも明るいとジフする。　5 カンソなつくりの建物。　6 台風にソナえる。

問2 次のことわざの空らんに当てはまる漢字として正しいものを、それぞれア～エから選び、記号で答えなさい。

1 三つ子のたましい□まで

ア 一　イ 十　ウ 百　エ 千

2 飛んで□に入る夏の虫

ア 水　イ 火　ウ 木　エ 土

3 □はわざわいのもと

ア 口　イ 鼻　ウ 耳　エ 目

4 あとは野となれ□となれ

ア 川　イ 林　ウ 花　エ 山

二　次の文章は椰月美智子《やづきみちこ》『昔はおれと同い年だった田中さんとの友情』の一部である。「おれ」（主人公の拓人《たくと》）は小学六年生、田中さんは現在八十五歳《さい》で、花林《かりん》神社の管理人をしている。拓人と、友達の忍《しのぶ》、宇太佳《うたか》の三人は、田中さんとひょんなことから知り合い、骨折した田中さんの身の回りを手伝うことになった。そして、次第《しだい》に田中さんに対し、年齢《ねんれい》差をこえた友情のようなものを感じ始めていた。これを読んで、あとの問いに答えなさい。

「ここは自治会の持ち物なんだよ」
田中さんが部屋をゆっくりと見回す。
「そうなんですか？」
ということは、地域の人たちのもの、ということだろうか。
「田中さんはいつから住んでるんですか？」
興味深そうに、忍がたずねた。
「もう六十年以上かなあ。一度、手は入れたけどね」
「六十年!?　すごくない？」
宇太佳が言う。
①「失礼ですけど、田中さんって独身ですか？」
忍はたまに大人みたいな口調で言うから、こっちがA面食らってしまう。田中さんは、あはは、と笑って、
「そうだよ、独身だよ」
と、うなずいた。

「地元はどこですか？」
「ここだよ。生まれも育ちも」
「田中さんって、神社関係の人ですか？」
「いいや、ただの管理人。宮司《ぐうじ》さんは、祭事のときだけ来てくれることになってるよ」
「そうなんですか。えっと、じゃあ、②田中さんはなんでここに住んでるんですか？」
忍の率直《そっちょく》すぎる質問の数々に、③おれは「……おい」と忍の肘《ひじ》を突《つ》いた。
「あ、ああ、すみません。なんかいろいろ気になっちゃって」
忍はそう言いながらも、
「いや、でもやっぱり気になります。どうしてですか？　ずっとここに一人でいるんですか？　なんで？　どうして？」
と続けた。おれと宇太佳は顔を見合わせた。忍はこういうやつ

なのだ。自分が気になったことは、どんなことをしても知りたがる。

田中さんは気にする様子もなく、むしろ愉快《ゆかい》そうにうなずいて答えてくれた。

「戦争中、このあたりに空襲《くうしゅう》があったことを知っているかい？」

いきなり話が飛んで、おれたちはぽかんとしたあと、首を振《ふ》った。

「終戦日はいつだか知ってる？」

「一九四五年八月十五日」

さっと答えたのは忍だ。おれはそんなの覚えていなかった。というか、知らなかった。

「その日、ここに焼夷弾《しょういだん》が落とされたんだよ」

「えっ？　終戦日に？」

忍が身を乗り出す。

「終戦日の未明だったよ。深夜一時ごろかな。熊谷《くまがや》を攻撃《こうげき》したB29が、余った爆弾《ばくだん》をこのあたりに捨てていったんだ」

「はあ？　なんだそれ」

「不法投棄《とうき》じゃん。ひでえ」

「最悪の爆弾の落とされ方だ」

おれたちは口々に声をあげた。余った爆弾を落とすなんて、ばかにしているとしか思えない。

「被害《ひがい》はあったんですか？」

花林神社の境内《けいだい》に、慰霊碑《いれいひ》が立っているのは知っていた。戦争で亡《な》くなった人だろうなとうっすら思っていたけれど、これまであえて知ろうとはしてこなかった。

「その空襲でね、市内で二十三人が亡くなったよ」

二十三人？　何千、何万人単位だと思っていたからB拍子抜《ひょうしぬ》けだった。

「少ないな」

忍がつぶやき、宇太佳もおれもうなずいた。

「その二十三人のうちの二人は、わたしの母と妹だったよ」

えっ……？　おれたちは顔を上げて、田中さんを見た。

「B29が余った爆弾を落としていって、母と妹は焼け死んでしまったんだ」

穏《おだ》やかな口調だった。④おれたちは、固まったまま顔を見合わせた。

「妹はまだ八歳だったよ」

まるで巻き貝のなかに入ったみたいに、耳の奥《おく》が、わーん、わーん、と鳴っていた。こめかみのあたりが熱を持ったようにじんじんする。おれのちっぽけな脳みそでは、とうてい理解できそうにない話だった。

まさかたった二十三人のなかに、田中さんの家族が含《ふく》まれていたなんて思いもしなかった。

「ごめんなさい！」

忍が、大きな声で頭を下げた。忍の顔は真っ赤だった。こんな忍を見るのははじめてだ。忍はいつでもクールで、どちらかというと何事に対しても冷めている。

「……ごめんなさい」

宇太佳も謝った。おれもあとに続いた。二十三人が少ない、だなんて一瞬《いっしゅん》でも思ってしまったことが申し訳なかった。

「いやいや、謝ることなんてないんだよ」

田中さんが首を振る。

「その空襲で家が焼けてしまってね。父と兄は戦地ですでに亡くなっていて、わたしは天涯孤独《てんがいこどく》になってしまったんだよ」

⑤世界中から音がなくなってしまったみたいに、しんとなった。

目の前にいる田中さんのお父さんとお兄さんが戦争で死んで、お母さんと妹さんが空襲で死んだ。そんなの、とても現実とは思えない。

「……リアル火垂《ほた》るの墓みたいだ」

宇太佳が言ったけれど、その声はかすかに震《ふる》えていた。『火垂るの墓』は、去年もテレビ放映されて、おれも見た。お母さんは「何回見ても泣けるわ」と言いながら、本当においおいと泣いていた。おれはなんとも言えない気分で、ただなにかにムカついて頭がぱんぱんになって、そして食欲がなくなった。

二十三人という人数が、妙《みょう》にリアルに迫《せま》ってくる。二組のクラスは二十四人だ。たった一人を残して、みんな死んでしまったということだ。

「そのとき、わたしは十一歳だった」

おれたちは、また三人で顔を見合わせた。自分たちと同じ年だ。心臓がどくどくと音を立てる。

「そのときに、足をけがしたんですか」

忍が聞き、田中さんはうなずいた。

「ひどいやけどを負ってしまってね」

田中さんの左足。いつも少し引きずって歩く。

「家もなくなって、家族もいなくなったわたしを、隣《となり》のお寺さんが引き取ってくれたんだよ」

花林神社の隣には、心聖寺《しんしょうじ》というお寺がある。池があって大きな亀《かめ》がいて、低学年の頃《ころ》は、亀にエサをやりによく行っていた。

「そこで雑用小僧《こぞう》になってね。お寺のお手伝いをいろいろさせてもらったよ。先々代の住職にはとてもよくしてもらってね。両親や兄や妹の供養《くよう》もしてくれた。身寄りのないわたしに十分なものを与えてくれた。心から感謝しているよ」

　おれたちは神妙《しんみょう》にうなずいた。それが実際にどういうことなのかなんてわからなかったけれど、おれたちは田中さんの話にただばかみたいにうなずいていた。

「戦争が終わって何年かしてから、この神社に空襲で亡くなった人の慰霊碑が立ってね。その頃は花林神社もにぎやかで、お参りに来る人が毎日大勢いてねえ。本社は駅向こうの松林《しょうりん》神社で、あちらに宮司さんがおられるから、ここには普段《ふだん》はいらっしゃらないけれど、ここも管理する人間がいないと困るという話になってね。昔は賽銭泥棒《さいせんどろぼう》まで出る始末だったから。それでこの家を建てて、わたしが管理人ということになったんだよ」

　田中さんとふいに目が合って、おれは反射的にうなずいた。

「なるほど。そういう経緯《けいい》で、ここに住むことになったんですね」

　忍の言葉に、ああ、そうだ、なぜ田中さんが花林神社に住んでるのか、っていう話だったと思い出す。

「……田中さんは、それからずっとここで一人なんですか」

　宇太佳がたずねる。

「ああ、わたしは結婚《けっこん》もしなかったしね」

「ずっとここの管理人さんなんですか。他の仕事とかしなかったんですか？」

　忍が聞く。

「ここの管理人をしながら、八百屋さんや電気屋さんでも働かせてもらったよ。頼《たの》まれればなんでもね。みんなとてもよくしてくれたから、生活に困ることはなかったよ。今は年金もあるしね。家まで用意してもらって、本当にありがたいことだよ」

「……そうだったんですか」

　三人それぞれ、あいまいにつぶやいた。

「なんだか湿《しめ》っぽくなってしまったね。ごめんねえ」

　田中さんは、笑顔を作ってそう言った。おれたちはしどろもどろに、「いえ」とか「そんな」とか、ふにゃふにゃと答えた。

⑥「そうだ！　掃除《そうじ》しよう。掃除しなきゃ！」

　宇太佳が今急に思いついたみたいに、ちょっとわざとらしく言った。

「そうだそうだ、掃除しなくちゃな」
忍も乗る。
「レッツ、クリーン！」
英語で掃除ってクリーンでいいんだっけ？　と思いつつ、おれも言った。
こたつを片付けて広くなった部屋に、宇太佳が掃除機をかけた。そのあと、おれが固く絞《しぼ》った雑巾《ぞうきん》で畳《たたみ》の目に沿って拭《ふ》いて、さらにそのあとを忍がから拭きしていった。お母さんが教えてくれた畳の掃除の仕方だ。
田中さんちは余計なものがなくて、置いてあるものといえば、タンスと引き出し型の小物入れぐらいだ。タンスはネットでしか見たことのない、昭和感満載《まんさい》の、よく言えばレトロなカラーボックスで、木製の小物入れはずいぶんと年季の入ったシロモノだった。取っ手の金具が今にも取れそうだ。
雑巾をきれいに洗って絞り、踏《ふ》み台に乗ってタンスと小物入れの上の埃《ほこり》を拭き取った。手作りっぽい本立てに、古いノートやバインダーみたいなものが並んでいる。
「おわっ！」
踏み台から足を滑《すべ》らせた。ずでんと尻《しり》もちをつく。
「大丈夫か、拓人」
宇太佳が飛んできてくれる。田中さんのお母さんと妹さんのことを考えていたら、ぼんやりして足を踏み外してしまった。
「ドジだなあ」
忍が笑う。
落ちるときにとっさにつかんだのか、本立てにあったノートが何冊か落ちていた。
「すみません！」
「いいの、いいの。拓人くん、ケガはなかったかい？　最近は踏み台に乗ることもなかったから、もしかしたら台がガタついていたのかもしれないよ。悪かったねえ」
田中さんが申し訳なさそうに謝る。いや、踏み台のせいじゃない。おれが掃除に集中しないで、ボケッとしていたからだ。落ちたノートを慌《あわ》てて整える。
「あれ？　なんだこれ」
宇太佳が、ノートの間から落ちたらしいぼろぼろの紙を拾った。
「……写真？」
宇太佳の手にあったのは、茶色く変色した写真だ。

「古っ！　誰《だれ》これ？　もしかして田中さん!?」
忍が頓狂《とんきょう》な声をあげる。
「おお、ずいぶんと昔の写真が出てきたねえ」
「マジでこれ、田中さんですか？」
「そうそう、わたし」
ランニングシャツを着た、坊主《ぼうず》頭の男の子が竹ぼうきを持って、こちらを見ていた。
「えー、ぜんぜん似てないじゃん！」
大きな声が出た。
「似てない？　なに言ってんだよ、拓人。田中さん本人なんだから、似てないもなにもないだろー」
忍に肩《かた》を叩《たた》かれる。
「もっと他の写真はないんですか？」
「子ども時代のものは、これだけだねえ」
田中さんがのんびりと答える。
「見せて」
おれは写真をそっと手に取って、田中さんの顔をよくよく眺《なが》めた。
「あー、なんとなく似てるわ。目のあたりが田中さんだ」
思わずつぶやくと、忍と宇太佳が、なに言ってんだようと笑った。
「心聖寺に来て一年ぐらい経《た》った頃だねえ」
ということは、十二歳。今のおれたちと変わらない。写真のなかの田中さんは、すごくやせていて小柄《こがら》だから、ずっと年下かと思った。この一年前に、お母《かあ》さんと妹を亡くしたのだ。左足には包帯のようなものが巻かれている。
「ここはお隣の心聖寺の裏門だね。裏門は、もう壊《こわ》れちゃってないんだけど」
田中さんが懐《なつ》かしそうに目を細める。
「左側の建物は、昔の本堂だね」
おれたちは、写真をかわるがわる手に取って少年の田中さんを眺めた。大きな木の下で、竹ぼうきを持って突《つ》っ立っている。
「写真を撮《と》ってやるからいい顔しろと言われたんだが、緊張《きんちょう》してしまってねえ」
おれは写真に釘付《くぎづ》けだった。⑦この感覚はなんだろう。⑧写真のなかにいる、十二歳の田中さんと、目の前にいるおじいさん姿の田中さん。おれは、二人を何度《なんど》も見比べた。
この少年が、このおじいさんに？　ひどく不思議だった。カブトムシの幼虫が成虫になるよりも、もっと信じられないような気持ちだ。
「……なんか」
「ん？　なんだい、拓人くん」
「ものすごく長い年月が経ったんですねえ……」
感慨《かんがい》深げにつぶやいた次の瞬間、
「ぶわーはっはっは」
と、忍と宇太佳が爆笑《ばくしょう》した。
「なに、しみじみしてんだよ！」
「ジジクサイ！」
二人にツッコまれる。
つられて一緒《いっしょ》に笑ったけど、本当に妙な気分になったのだ。おれと同じ年だった田中さんが、年寄りになるまでの長い長い年月。
ふいに頭のなかに、このあいだ理科の授業で習った地層のイラストが浮《う》かんだ。何重にも重なった地層が、田中さんがこれまで生きて、経験した歳月に思えた。今、目の前にいる田中さんは、いろいろな経験が積み重なった集大成だ。
自分のこれからの人生を思う。明日もあさってもその先も、まだまだ長い。中学生、高校生、大学生、社会人……。うんざりするほどの長さだ。
「思えば、あっという間の人生だったねえ」
田中さんがゆっくりと言い、おれはまたへんな気分になった。
⑨洗濯機《せんたくき》がピーッと鳴った。
「洗濯終了《しゅうりょう》。さあ、干しちゃおうぜ」
おれたちは、こたつ布団《ふとん》のカバーと敷物《しきもの》を外に干した。太陽がさんさんと照っていて、すぐに乾《かわ》きそうだ。
そのあと、台所とトイレを三人で手分けして掃除した。今だから白状するけど、おれが掃除をするのは、学校以外では今日がはじめてだ。自分の部屋にあるおもちゃや教科書は一応片付けるけれど、掃除機をかけたり水拭きしたりしたことは、これまで一度もなかった。田中さんの家を掃除して、自分の部屋を掃除しないってのもおかしなことだなあと思う。
予定していた、ひと通りの掃除が終わると、
「わあ、すばらしいねえ。とてもきれいになったよ。お疲れ様でした。本当にどうもありがとう。お祭りのときもこれで安心だよ」
と田中さんは、とても喜んでくれた。

問1 ——A「面食らっ（面食らう）」B「拍子抜け」の意味として最もふさわしいものを、それぞれア～エの中から選び、記号で答えなさい。

A「面食らう」

ア　つらく悲しく思う。

イ　いろいろと気をつかう。

ウ　不意の出来事に驚《おどろ》きあわてる。

エ　おかしいなと怪《あや》しく思う。

B「拍子抜け」

ア　予想しなかったことに驚きあきれること。

イ　相手に負けまいとして競《きそ》い合うこと。

ウ　期待外れに終わってしまうこと。

エ　緊張《きんちょう》が急にゆるんでがっかりすること。

問2 ——①『失礼ですけど、田中さんって独身ですか?』／忍はたまに大人みたいな口調で言う」とありますが、こうした行動から忍はどのような人物であることが分かりますか。解答らんの「～人物。」に続くように、本文中から二十五字前後でぬき出して答えなさい。

問3　――②「田中さんはなんでここに住んでるんですか?」とありますが、田中さんのこの問いに対する答えはどこまでですか。終わりの十字を答えなさい。

問4　――③「おれは『……おい』と忍の肘を突いた」とありますが、この「おれ」の言動は、どのような意味ですか。最もふさわしいものを、次のア~オの中から選び、記号で答えなさい。

ア　そんな話、つまらないよ。
イ　ずけずけきくのは失礼じゃないか。
ウ　もっとていねいな言葉を使おうよ。
エ　わかりきったことをきくのはよそう。
オ　ききたいことは、思いきってきいたら?

問5　――④「おれたちは、固まったまま顔を見合わせた」とありますが、ここでの「おれたち」の気持ちはどのようなものですか。説明しなさい。

問6 ――⑤「世界中から音がなくなってしまったみたいに、しんとなった」とありますが、これは「おれ」のどのような様子を表していますか。その答えとして最もふさわしいものを、次のア〜オの中から選び、記号で答えなさい。

ア 自分たちが仲良くしていた田中さんには戦争で身寄りが一人もいなくなるという悲しい過去があったことを知り、驚きとショックでぼうぜんとする様子。

イ 親しくなった田中さんから戦争で天涯《てんがい》孤独《こどく》になってしまったという話を聞いたが、すぐには信じられず、本当かどうか疑問に思っている様子。

ウ ふだんの明るい様子からは想像もできないような田中さんの戦争体験を聞き、身近な人が死ぬこわさを感じて、『火垂《ほた》るの墓』に重ね合わせている様子。

エ 田中さんから戦争についての話を聞いたが、自分たちにとっては遠い昔の出来事であるため具体的なイメージが浮《う》かんでこず、ぼんやりする様子。

オ 何の前ぶれもなく、自分たちに戦争の話を語って聞かせる田中さんの行動に対して強い怒《いか》りを感じ、事実を冷静に受け止められないでいる様子。

問7　――⑥『そうだ！　掃除しよう。掃除しなきゃ！』」とありますが、宇太佳がこう言ったのはなぜですか。その理由として最もふさわしいものを、次のア～オの中から選び、記号で答えなさい。

ア　話を聞いているうちに、何か田中さんを支えられることをしたくなったから。
イ　田中さんの話が一段落したので、当初の目的だった掃除《そうじ》を思い出したから。
ウ　家のよごれとともに、田中さんの苦しみもきれいに取り去ろうとしたから。
エ　田中さんの思い出がつまった家をきれいにすることは、大切だと思ったから。
オ　田中さんの過去の話を聞き、重苦しいふんいきにいたたまれなくなったから。

問8　――⑦「この感覚はなんだろう」とあるが、この時の「おれ」は、どのような気持ちですか。それを説明した次の文の空らんにあてはまる表現を、本文中から三十五字以内でぬき出しなさい。

写真の中の少年がおじいさんになったことが、［　　　　］。

問9　――⑧「写真のなかにいる、十二歳の田中さんと、目の前にいるおじいさん姿の田中さん」とありますが、この「写真」を見た「おれ」は、二つのものに思いをはせます。その二つとは何ですか。それぞれ三十字と十字で、この後の部分から探してぬき出しなさい。

問10 ——⑨「洗濯機がピーッと鳴った。……太陽がさんさんと照っていて、すぐに乾きそうだ」の部分について、ある教室で次のようなやり取りが行われています。ア〜オの児童の発言の中から正しいものを一つ選び、記号で答えなさい。

先生……この部分は、仮になかったとしてもストーリーの展開上はまったく問題のない部分です。そうであるにもかかわらず、作者はなぜここにこの表現をさしはさんだのでしょうか？　みなさんの考えを聞かせてください。

ア　ひかるさん……「洗濯機《せんたくき》がピーッと鳴った」ってあるけど、洗濯終了《しゅうりょう》の音が鳴ったことで、様々な思いにひたっていた「おれ」は日常に引き戻《もど》され、物語の中の時間が再び動き始めて、場面が切りかわったということを表しているね。

イ　せいやさん……ぼくはここで「洗濯」が出てきたことにも意味があると思うな。「命の洗濯」っていう言葉があるよね？　これは「日ごろの苦労から解放されて楽しむこと」という意味だけど、「おれ」たちにとっては田中さんと過ごす時間こそが何にもかえがたい「命の洗濯」の時間だということを暗示しているよね。

ウ　あけみさん……もっと言えば、「洗濯」って、汚《よご》れたものをきれいにする行動だよね？　だから、ここで田中さんは過去のつらい経験も汚れが落ちるみたいに忘れ去って、新しい生活を手に入れたようにも読めるわ。

エ　ほしこさん……「おれたちは、こたつ布団のカバーと敷物《しきもの》を外に干した」という部分からは、「おれたち」がふだんから掃除や洗濯をてきぱきとこなしている様子がうかがえるよ。身近にこうした存在がいて、田中さんは心強いはずよね。

オ　きよしさん……ぼくは「太陽がさんさんと照っていて、すぐに乾《かわ》きそうだ」の部分が気になっている。直前で「おれ」は今後の長い人生について考え、「へんな気分」になっている。「おれ」がこの先の人生に絶望し、うんざりしている様子を、あえてそれとは対照的なさんさんと照る太陽をえがくことで、際立《きわだ》たせようとしているんじゃないかな？

問11　あなたは、田中さんがどのような人物であると考えますか。なぜそのように考えたのか、その理由もあわせて述べなさい。

2024年度
福山暁の星女子中学校

入学試験問題

算数
（時間50分）

【注意事項】

1　指示があるまで，中を見てはいけません。

2　開始の合図の後，解答用紙に受験番号を記入しなさい。

3　解答は，すべて解答用紙に記入しなさい。

4　問題用紙の余白は，計算用に使ってもかまいません。

1 次の問いに答えなさい。

(1) $4\times5-13$ を計算しなさい。

(2) $51\div3+8\times\frac{3}{4}$ を計算しなさい。

(3) $\frac{3}{2}\div0.5+20\times0.25$ を計算しなさい。

(4) $7\times(6+5)\times(4-2)\times5$ を計算しなさい。

(5) 次の $\square$ に当てはまる数を求めなさい。

$$\square - 0.6 + 0.4 = 5$$

(6) 120 人の 8 割は何人になるか求めなさい。

(7) 次の数を小さい方から順に並べなさい。

$$\frac{4}{5},\ 0.76,\ \frac{5}{8},\ \frac{3}{4}$$

2 次の問いに答えなさい。

(1) 右の図の色のついた部分の面積を求めなさい。ただし，直線（あ）と直線（い）は平行であるとします。

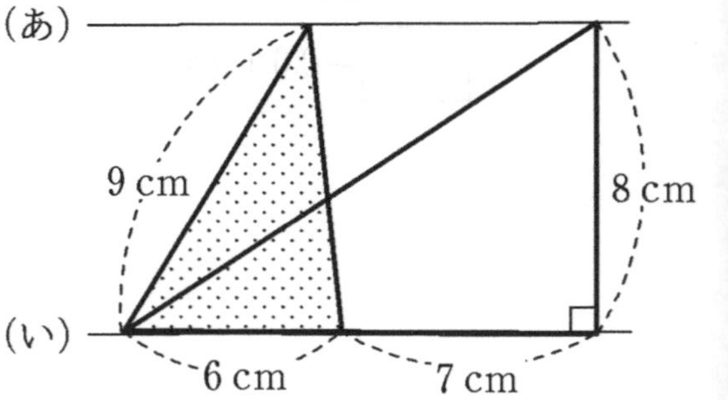

(2) 右の図のように，半円を組み合わせた図形があります。色のついた部分の面積を求めなさい。ただし，円周率は3.14とします。

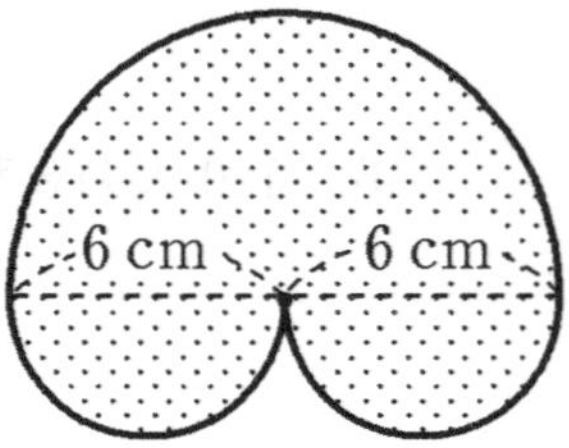

(3) 右の図の（ア）の角度を求めなさい。

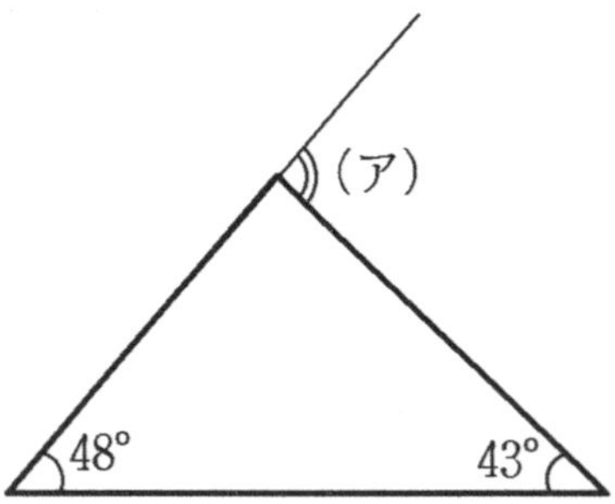

(4)　右の直方体の体積を求めなさい。

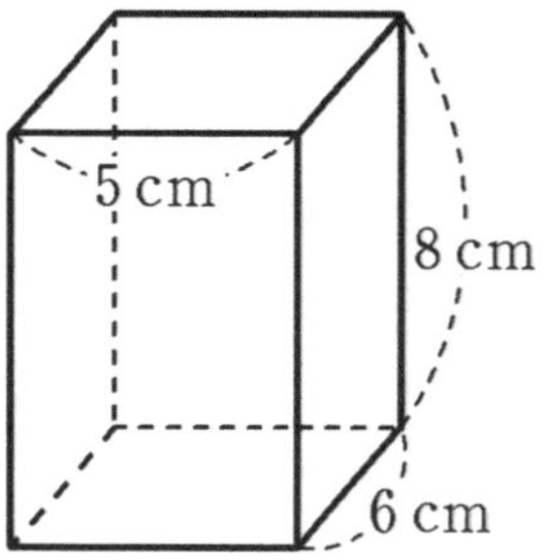

(5)　右の円柱の側面の面積を求めなさい。
ただし，円周率は 3.14 とします。

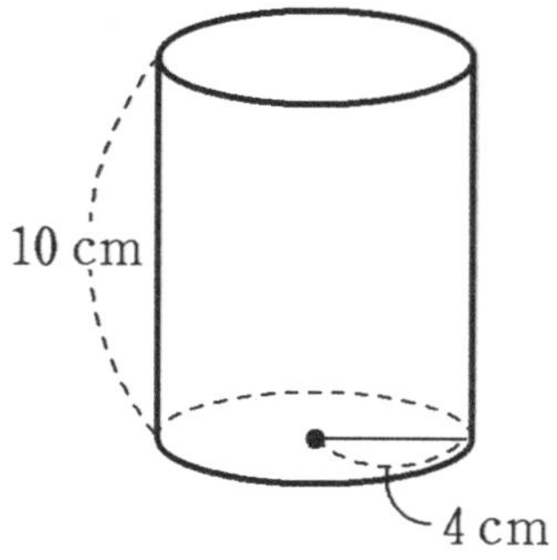

3 高さがともに 80 cm である 2 つの空の水そう A，B があり，それぞれ一定の割合で水を入れます。同時に水を入れ始めると水そう A の方が水そう B より早く満水になります。水そう A は，満水になると水を止め，しばらくしてから水をぬきます。2 つの水そうに同時に水を入れ始めてからの時間と，水そう A と水そう B の水面の高さの差をグラフに表すと右のようになります。ただし，このグラフは水を入れ始めてから 12 分後までのものです。次の問いに答えなさい。

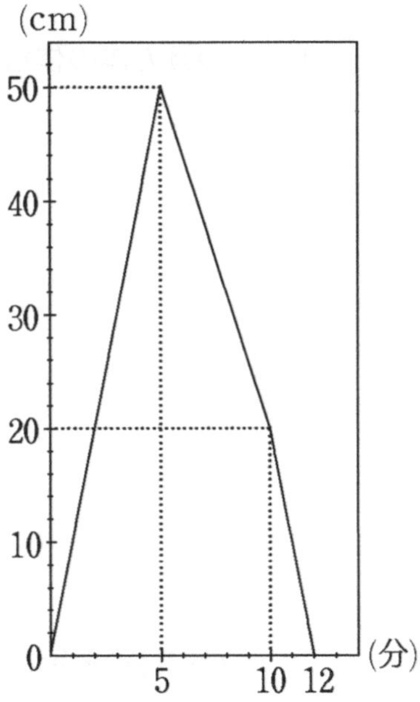

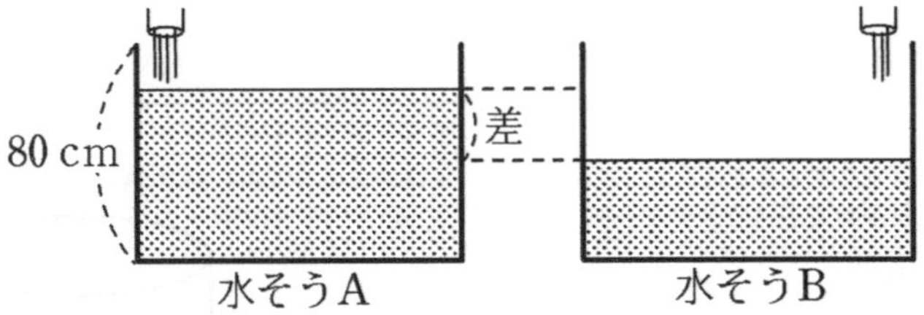

(1) 水そう A の水面の高さを表すグラフとして，正しいものを次の（ア）～（エ）の中から選びなさい。

（ア）

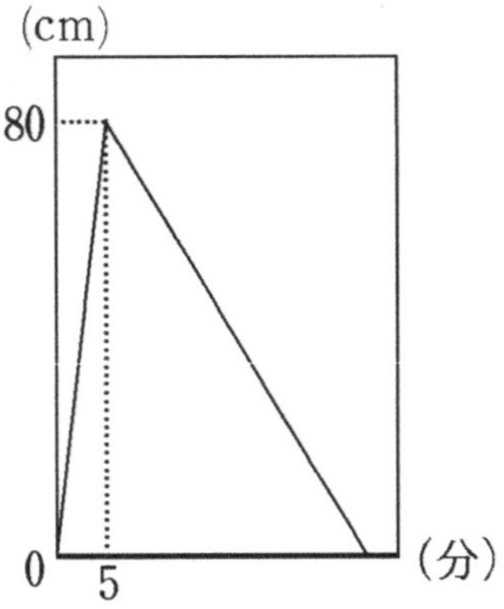

（イ）

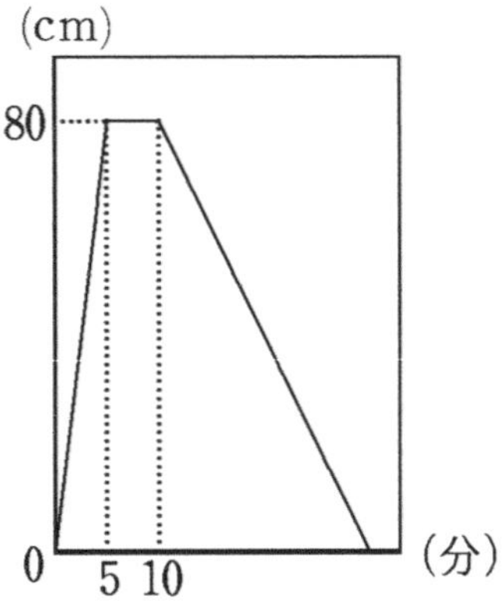

（ウ）

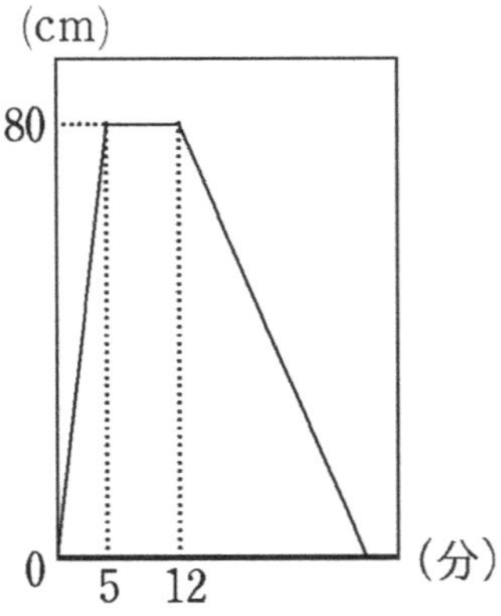

（エ）

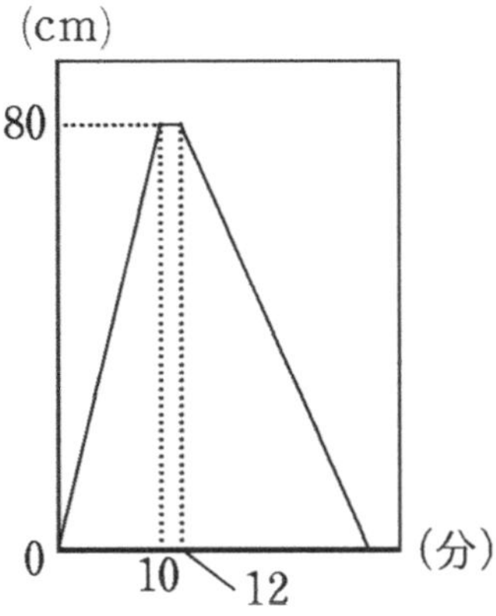

二〇二四年度　福山暁の星女子中学校入学試験　国語　解答用紙

※100点満点
（配点非公表）

受験番号

一

問1
1　らす
2
3
4
5
6

問2
1
2
3
4

二

問1
A
B

問2
25
人物。

問3

問4

紙

※100点満点
（配点非公表）

受験番号

4

(3)

〈１つ目のグループ〉

ルール

名前

５つの数

〈２つ目のグループ〉

ルール

名前

５つの数

2024年度 福山暁の星女子中学校　入学試験　算数　解

1

(1)		(2)		(3)	
(4)		(5)		(6)	
(7)					

2

(1)		(2)		(3)	
(4)		(5)			

3

(1)		(2)		(3)	
(4)					

4

(1)	
(2)	

問6

問7

問8

問9

問10

問11

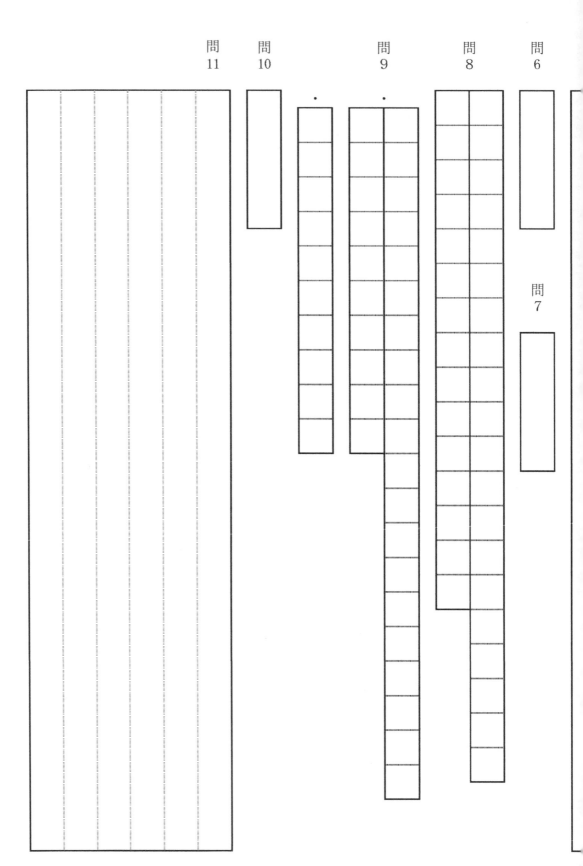

(2)　水そうＡに水を入れているとき，１分あたりに水面は何 cm ずつ高くなるか求めなさい。

(3)　水そうＢに水を入れているとき，１分あたりに水面は何 cm ずつ高くなるか求めなさい。

(4)　水そうＡが空になるのは，水そうに水を入れ始めてから何分後か求めなさい。

4 整数の中には『あるルール』が成り立つような数のグループがたくさんあります。下の ①，② がその例です。次の問いに答えなさい。

> ① 『2 以上の整数のうち，1 とその数自身でしか割り切ることができない』というルールが成り立つような数のグループを【素数】と呼んでいます。この素数は，小さい順に 2，3，5，7，11，… と続きます。
> ② 『その数が，その数自身をのぞく約数の和に等しくなる』というルールが成り立つような数のグループを【完全数】と呼んでいます。この完全数は，小さい順に 6，28，496，… と続きます。

(1) 8 番目の素数を答えなさい。

(2) 28 が完全数であることを説明しなさい。

A さんと B さんが次のように会話をしています。

> A さん：【素数】や【完全数】のように整数っていろいろなルールのグループがあるんだね。
> B さん：そうだね。授業で習った【偶数】も『2 で割ったら割り切れる』というルールで，小さい順に 2, 4, 6, 8, 10, … と続くね。グループ名も【2 の倍数】とか自由に付けられそうだね。
> A さん：私，そのグループの別の名前を考えてみたんだけど，【ニコニコ数】っていいかな？
> B さん：2 ずつ増えていくルールが分かりやすい名前でいいね。こう考えると，いろいろな名前を考えることができそうだよ。
> A さん：【偶数】や【奇数】は簡単なルールだったから，もう少し難しくてもいいかもね。
> B さん：今までに習った，計算方法や数の性質を組み合わせて新しいルールも作れそう。いろいろな数のグループを見つけるのって楽しそうだね。

(3)　A さんと B さんの会話文を参考に，『あるルール』が成り立つような整数のグループを 2 つ考え，そのルールとグループの名前をそれぞれ答えなさい。また，グループにふくまれる数を小さいものから順に 5 つ答えなさい。

（注意）前のページの例や会話文の中に出てきたもの以外のグループを答えなさい。
また，この 2 つのグループは似たようなものにならないようにしましょう。

２０２４年度

福山暁の星女子中学校　入学試験問題

適 性 検 査 １

（時間４５分）

【注意事項《じこう》】

１　指示があるまで、中を見てはいけません。

２　開始の合図の後、解答用紙に受験番号を記入しなさい。

３　問題は、５つあります。

４　解答は、すべて解答用紙に記入しなさい。

５　解答用紙の※印のあるところには、記入してはいけません。

６　問題用紙の余白は、メモに使ってもかまいません。

あけみさんとほしこさんは、ふりこの運動の実験をしています。

条件をいろいろ変えて、ふりこをふってみよう。そのときふりこの往復にかかる時間はどうなるのかな？

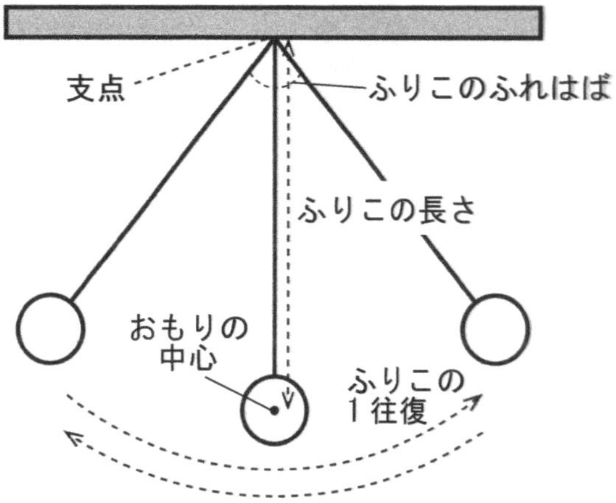

まずはふりこのふれはばだけを変えてみるわ。

【ふりこのふれはばだけを変えた実験】

ふりこの長さは 50 cm とし、おもりの重さは 200 g とする。

ふりこのふれはば（°）	30	40	50	60	70
10 往復したときの時間（秒）	15.2	15.3	15.3	15.2	15.1

次はおもりの重さだけを変えてみるね。

【おもりの重さだけを変えた実験】

ふりこの長さは 50 cm とし、ふれはばは 50° とする。

おもりの重さ（g）	100	200	300	400	500
10 往復したときの時間（秒）	15.3	15.1	15.2	15.3	15.2

最後はふりこの長さ（支点からおもりの中心までのきょり）だけを変えてみるわ。

【ふりこの長さだけを変えた実験】

ふりこのふれはばは 50° とし、おもりの重さは 200 g とする。

ふりこの長さ（cm）	30	40	50	60	70
10 往復したときの時間（秒）	11.6	13.0	15.3	16.1	17.2

なるほど、これらの結果から、何がふりこの往復にかかる時間に関係するかが分かってきたね。

じゃあ最後に、ふりこのおもりの代わりにペットボトルをつけて実験するわよ。１つのペットボトルの容器の中には、水をいっぱいに入れて、もう片方のペットボトルの中には、水を少しだけ入れて、ふりこが往復する様子をみてみよう。

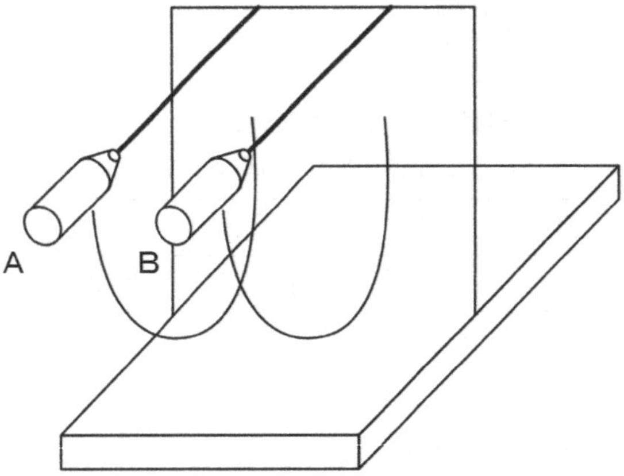

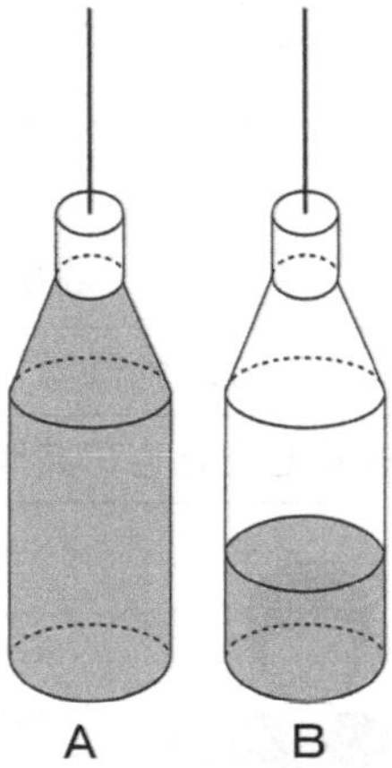

〈条件〉
・支点からペットボトルまでのひもの長さはどちらも 50 ㎝
・ペットボトルのふれはばはどちらも 50°
・ペットボトルＡの水は 500 g、ペットボトルＢの水は 200 g
（ただし２つのペットボトルは同じ形で高さ 20 ㎝、重さはとても軽いので考えなくてよい）

問題１　次の（１）・（２）の問題に答えなさい。

（１）　この実験結果からわかることは何か。ア～ウから一つ選び、記号で答えなさい。

ア　ふれはばを大きくするほど、往復にかかる時間は長くなる。

イ　おもりの重さを重くするほど、往復にかかる時間は長くなる。

ウ　ふりこの長さを長くするほど、往復にかかる時間は長くなる。

（２）　おもりの代わりにペットボトルの容器を使った実験において、ＡとＢのふりこが往復するのにかかる時間のちがいはどのようになるか、理由とともに説明しなさい。

あけみさんとほしこさんは、1880 年代に生産を開始した大阪の紡績《ぼうせき》工場の様子が撮影《さつえい》された写真を見て、話し合っています。

※　紡績 … 綿花や麻《あさ》、羊毛などのせんいを加工して糸をつくること。

1880 年代は明治時代の中ごろね。産業を発展させ、製品を輸出してお金を得て、欧米《おうべい》諸国と肩《かた》を並べようとしたのね。

1890 年と 1910 年の日本の輸出品のグラフを見てみると、1910 年のグラフの２番目に綿糸が入っているわ。

明治時代後半の輸出品の比較

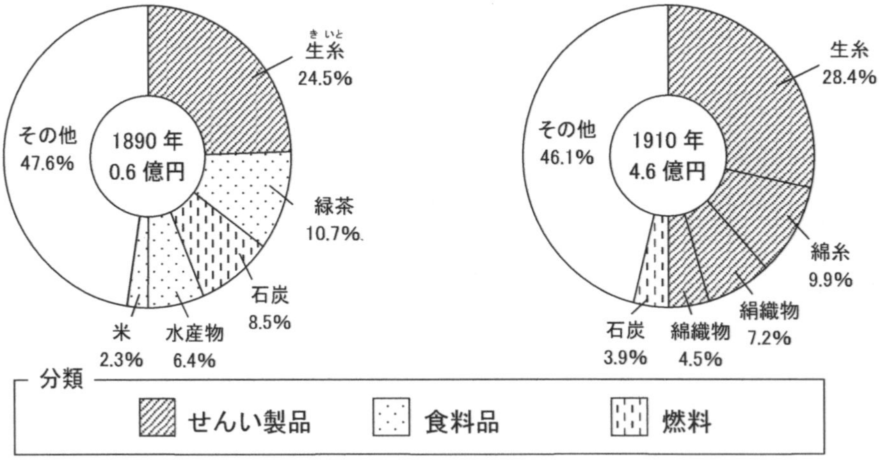

『日本貿易精覧』より作成

輸入品のグラフを見ると、日本の工業の特徴《とくちょう》がわかるかもしれないわ。

明治時代後半の輸入品の比較

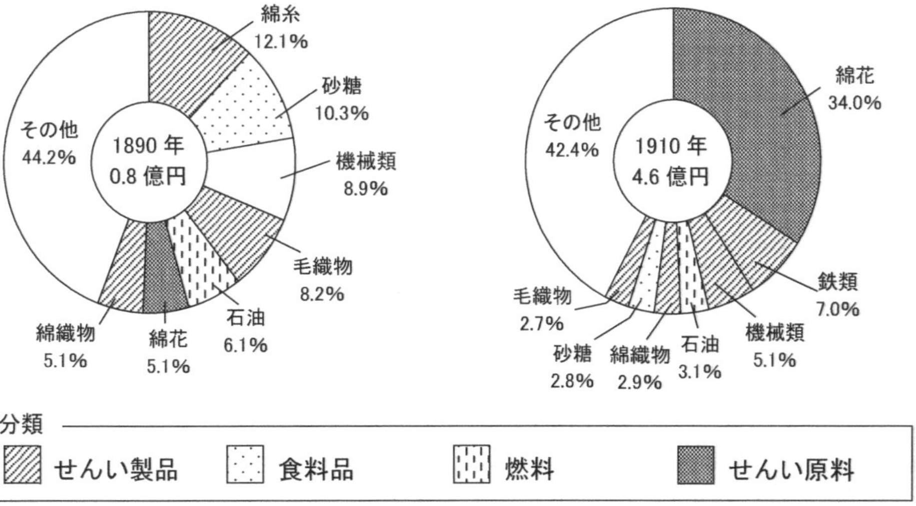

『日本貿易精覧』より作成

20 年間で、綿糸の材料である綿花の輸入額に占《し》める割合が高くなっているわ。

問題２　次の（１）・（２）の問題に答えなさい。

（１）　グラフより、日本の貿易の特徴に関して、1890 年から 1910 年への変化について正しく述べたものはどれか。ア～ウから一つ選び、記号で答えなさい。

ア　生糸の輸出額は、あまり変化していなかった。

イ　石油と機械の輸入額は減った。

ウ　綿花の輸入額は、増えた。

（２）　写真に関連する 1890 年と比べた 1910 年の日本の貿易の特徴について、資料を使って説明しなさい。ただし、それぞれのグラフの分類に示された語句を用いること。

あけみさんとほしこさんは、二酸化炭素の濃《のう》度《ど》のグラフを見て話し合っています。

次のグラフは、岩手県大船渡《おおふなと》市綾《りょう》里《り》で観測された二酸化炭素の濃度ね。年々増加しているわ。

二酸化炭素濃度の移り変わり（綾里）

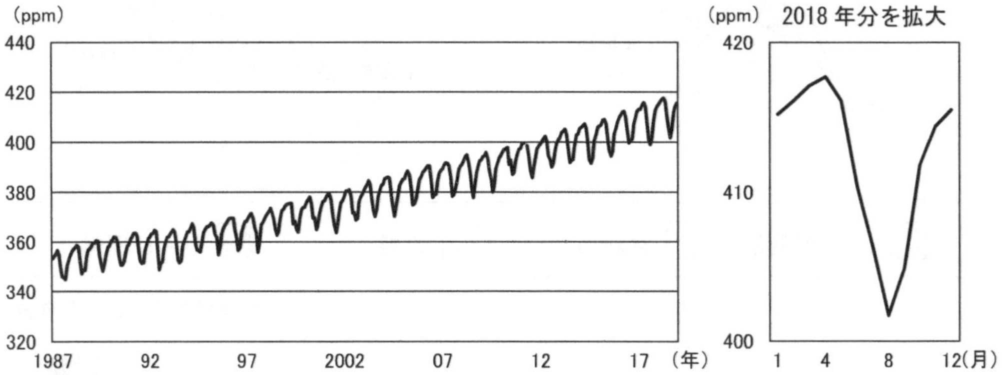

気象庁ホームページより作成

※　月ごとの二酸化炭素の濃度の平均の移り変わりを示している。
　　グラフが欠けている部分はデータがない。

世界で、二酸化炭素を減らす取り組みが行われているけど、二酸化炭素の濃度が増加しているのは日本だけかな。

次のグラフは、緯《い》度《ど》帯別の二酸化炭素濃度の移り変わりを示したグラフよ。日本だけでなく、地球規模で二酸化炭素の濃度は増えているんだね。

緯度帯別の二酸化炭素濃度の平均の移り変わり

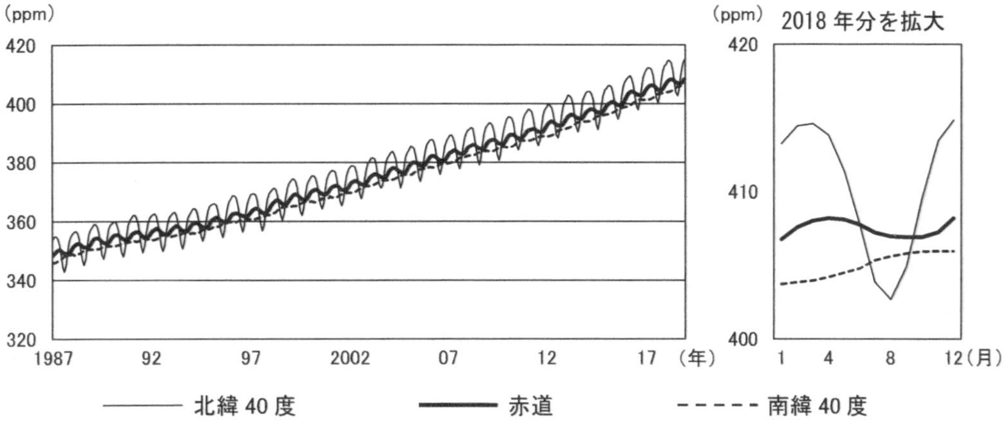

気象庁ホームページより作成

※　月ごとの二酸化炭素の濃度の平均の移り変わりを示している。

なぜ、緯度帯によって月別の濃度の変化に違《ちが》いがあるのかな。世界地図を見てみよう。

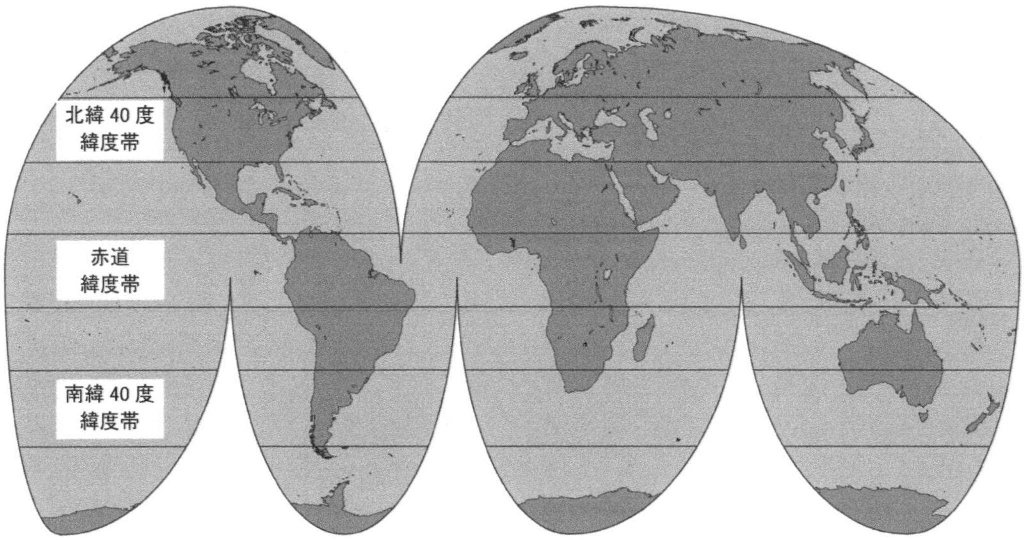

※　この地図は海洋と陸地の面積の割合を正しく示すように工夫《くふう》されている。
地図の描《えが》き方により、それぞれの緯度帯の地図上でのはばは異なって見える。

北緯 40 度の緯度帯の二酸化炭素濃度は冬に比べると夏の方が低いわ。

北緯 40 度の緯度帯では海洋と陸地の面積はほとんど同じなのに対し、南緯 40 度の緯度帯では大半を海洋が占《し》めているわ。

問題３　南緯 40 度の緯度帯と比べて、北緯 40 度の緯度帯の夏の二酸化炭素の濃度が低い理由を説明しなさい。

あけみさんとほしこさんは、旅行の帰りにもみじまんじゅうを友だちへのおみやげに買おうと相談しています。

Ａ店　大セール!!

もみじまんじゅう
１箱４個入り４００円

本日限り１箱３６０円

Ｂ店　大サービス！

もみじまんじゅう
１箱４個入り４００円

５箱以上買うと、１箱につき７０円引き

必要なもみじまんじゅうは２８個だから、Ａ店で買うと、２５２０円で、Ｂ店より２１０円高いわ。

私の計算ではＡ店の方が安いと思うわ。Ｂ店でもみじまんじゅうを２８個買うと、２５９０円になるわ。

おかしいなあ。私たちの間で計算方法に違《ちが》いがあるみたい。店員さんに確認してみようよ。

今、Ｂ店で聞いてきたんだけど、私の計算方法が正しかったみたいよ。Ｂ店のチラシは、どちらにも読みとれるね。

そうなんだ。
そう言えば、家族分のおみやげのもみじまんじゅうを買うことを忘れているわ。

じゃあ、友達と家族の分は全部合わせて４８個だから、計算しなおして安い方のお店で買いましょう。

問題４　あけみさんとほしこさんはＡ、Ｂどちらのお店でおみやげのもみじまんじゅうを買ったか答えなさい。また、そのお店で買った理由を、それぞれのお店での金額を求めて説明しなさい。

あけみさんとほしこさんは日本の伝統的な模様について話し合っています。

これは日本の伝統文様のひとつ「七宝《しっぽう》」と呼ばれる模様の一種だわ。

同じ模様を重ね合わせただけなのに、とてもきれいだね。大量にこの模様を作るにはとても時間がかかりそうね。

いいえ、そうでもないわ。
算数で学習した「線対称」を利用すれば、すぐに作れるの。今から簡単な例を挙げてみるわね。

下の例は、正方形の紙を矢印の方向に２回折り、色のついた部分をくりぬいて広げた図です。例のように、紙は折ったあとの図形が必ず四角形になるように折るものとします。

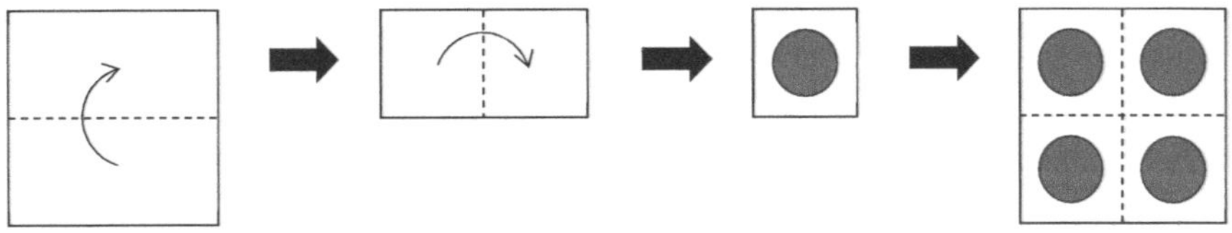

なるほど。折り目が対称の軸《じく》であることがわかれば、一度にたくさんの円を作ることができるわけね。このことを利用すれば、七宝の模様も作れそうだわ。

問題５　一辺の長さが 48 cm の正方形の黒い紙を使って下の図のような七宝をつくるとき、できるだけ切り取る部分の面積を小さくしたい。

（１）　折り曲げる回数をできるだけ少なくするとき、何回折り曲げればよいか答えなさい。

（２）　色のついた花びらの形をした部分のすべての面積を求めなさい。ただし、円周率は 3.14 とします。

二〇二四年度

福山暁の星女子中学校　入学試験問題

適性検査２

（時間四十五分）

【注意事項】

1　指示があるまで、中を見てはいけません。
2　開始の合図の後、解答用紙に受験番号を記入しなさい。
3　解答は、すべて解答用紙に記入しなさい。
4　解答用紙の※印のあるところには、記入してはいけません。
5　問題用紙の余白は、メモに使ってもかまいません。

『問　題』　近年、人間の知能をもっているかのようにふるまうＡＩ（人工知能　Artificial Intelligence）が目覚ましい進化をとげています。

たとえば、二〇二二年に公開され、あっという間に世界に広まった「チャットＧＰＴ」は、ユーザーが入力した質問に対して、まるで人間のように自然な対話形式で答えてくれるＡＩシステムです。

「チャットＧＰＴ」に代表されるＡＩは、これまで人間でなければできなかったさまざまな仕事をこなせるため、将来、働き方や教育のあり方にも大きな影響《えいきょう》をあたえると考えられています。

この問題では、将来、社会でＡＩと共存・協働していくであろうみなさんに、《資料》①～⑤を参考にしながら、「これからの社会を生きるうえで大切なこと」について考えてもらいたいと思います。

《問　い》

ＡＩとの共存・協働がますます求められるこれからの社会を生きるうえで、みなさんはどのような「力」や「ものの見方・考え方」を身につけるべきだと思いますか。また、そうした「力」や「ものの見方・考え方」を身につけるために、あなた自身は具体的に中学校で、どのように学びを進めていこうと考えますか。あなたの考えを、あとの《資料》①～⑤も参考にしながら、《条件》に合うように述べなさい。

《条　件》

(1)　解答は四〇〇字前後で記すこと。

(2)　全体を三つの形式段落で構成すること。各段落に記す内容については、次の①～③に従うこと。

①　一段落目で、あなたが身につけるべきだと思う「力」や「ものの見方・考え方」を明示すること。

②　二段落目では、自分が「なぜそう思うのか」を説明するための〈理由〉を挙げること。

③　三段落目では、一段落目で述べた「力」や「見方・考え方」を身につけるために、あなた自身は中学校で、どのように学びを進めていこうと考えているのか、具体的に記すこと。

(3)　原稿《げんこう》用紙使用上のルールを守ること。

《資　料》

①　「月刊　ジュニアエラ　二〇二三年七月号」

お詫び

著作権上の都合により、文章は掲載しておりません。
ご不便をおかけし、誠に申し訳ございません。

教英出版

お詫び

著作権上の都合により、文章は掲載しておりません。
ご不便をおかけし、誠に申し訳ございません。

教英出版

② 佐々木ひとみ
『99%の小学生は気づいていない!?
となりのＡＩ』

お詫び：著作権上の都合により，掲載しておりません。
ご不便をおかけし，誠に申し訳ございません。
教英出版

③ 養老孟司『ＡＩの壁《かべ》』（脳科学者である養老孟司《ようろうたけし》氏と将棋《しょうぎ》の棋士《きし》である羽生善治《はぶよしはる》氏との対談《たいだん》）

お詫び
著作権上の都合により、文章は掲載しておりません。
ご不便をおかけし、誠に申し訳ございません。
教英出版

お詫び
著作権上の都合により、文章は掲載しておりません。
ご不便をおかけし、誠に申し訳ございません。
教英出版

２０２４年度　福山暁の星女子中学校　入学試験問題

適性検査１　解答用紙

受験番号	第　　　　番

※

※100点満点
（配点非公表）

問題１

（１）

（２）

２０２４年度　福山暁の星女子中学校　入学試験問題

適性検査１　解答用紙

受験番号	第　　　　番

※

問題３

3※

問題４

400

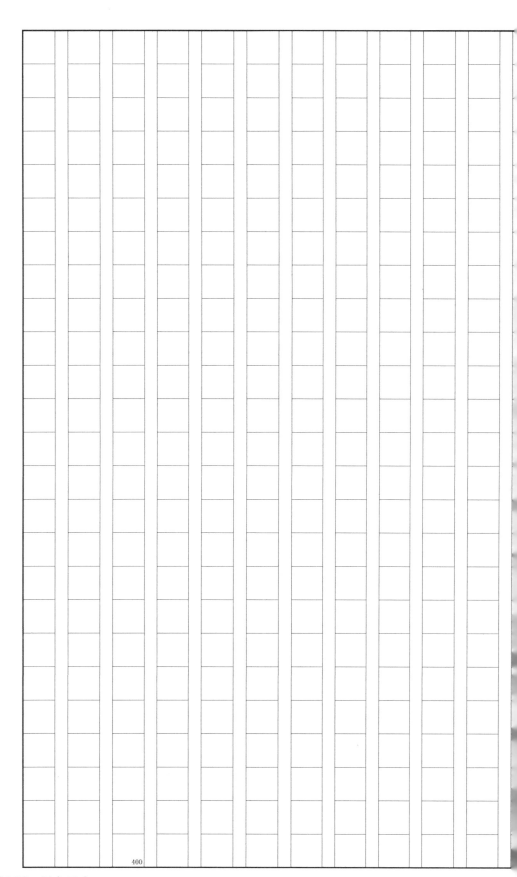

二〇二四年度　福山暁の星女子中学校　入学試験問題

適性検査２　解答用紙

受験番号	第　　　　番

※

※100点満点
（配点非公表）

4 ※

問題５

（１）		回
（２）		cm^2

5 ※

1※

問題2

（１）

（２）

2※

4
美馬のゆり『ＡＩの時代を生きる』

お詫び

著作権上の都合により、文章は掲載しておりません。
ご不便をおかけし、誠に申し訳ございません。

教英出版

5
「PRESIDENT 完全図解 Ｃｈａｔ ＧＰＴ仕事術大全」（一部、改変）

お詫び

著作権上の都合により、文章は掲載しておりません。
ご不便をおかけし、誠に申し訳ございません。

教英出版

二〇二三年度　福山暁の星女子中学校　入学試験問題

国語

（時間　五十分）

【注意事項《じこう》】

一　指示があるまで、中を見てはいけません。

二　開始の合図の後、解答用紙に受験番号を記入しなさい。

三　解答は、すべて解答用紙に記入しなさい。

四　解答するとき、字数の指定があるものについては、句読点などの記号も字数に数えます。

一　次の各問いに答えなさい。

問1　次の――線部の漢字は読みをひらがなで書き、カタカナは漢字に直しなさい。

1　車窓の風景を楽しむ。　2　著名な作家　3　雪を頂く富士山に登る。

4　的をイる。　5　九州をジュウダンする。　6　車のハンドルをソウサする。

問2　次の1～4の各組の□には、体の一部を表す同じ漢字が入ります。その漢字を書きなさい。

1　□が出る　□が棒になる　□をのばす

2　□車に乗せる　□を割る　□がかたい

3　□が高い　□であしらう　□を明かす

4　□から火が出る　□に余る　□を皿にする

問3　次の1～2の四字熟語の使い方として正しいものを、あとのア～エからそれぞれ一つずつ選び、記号で答えなさい。

1　一期一会《いちごいちえ》

ア　一期一会の暮らしは快適だ。

イ　母と私は一期一会だ。

ウ　彼女《かのじょ》とは何度も一期一会している。

エ　旅での出会いはまさに一期一会だ。

2　日進月歩

ア　人類は宇宙に日進月歩している。

イ　科学の発展は日進月歩だ。

ウ　彼《かれ》はまさに日進月歩な性格だ。

エ　彼女と私は日進月歩な関係だ。

二　次の文章を読んで、あとの問いに答えなさい。

I

演劇を続けていると、人が話す言葉に敏感《びんかん》になります。

そして、「嘘《うそ》くさい」言葉を聞くことが本当に辛《つら》くなるのです。

「いらっしゃいませ、こんにちは」という謎《なぞ》の言葉がいろんなお店で定着してもうずいぶんになります。

①この言葉がどれほど変なのかということを伝えようとすると「?」という顔で見られるようになりました。

「いらっしゃいませ」は、「来てくれてありがとうございます」という歓迎《かんげい》の感情でしょうか。「こんにちは」は、「よろしくどうぞ」とか「ゆっくりして下さい」「あなたと友好な関係になりたい」でしょうか。

僕《ぼく》には、「いらっしゃいませ」と「こんにちは」のサブ・テキスト（言葉の下にある感情）に決定的な違《ちが》いがあるとは思えないのです。

どうして、似た意味や気持ちの言葉を二回、別な言葉でわざわざ言うのか理解できないのです。

例えば、一時間ずっとお客さんがいなくて、やっと来てくれた場合、嬉《うれ》しくて「いらっしゃいませ」だけでは気持ちがおさまらなくて思わず「こんにちは」と、つけ加えることはあるでしょう。

でも、例えばコンビニで、一分間に一〇人も人が来るのに、その人達《ひとたち》に向かって、いちいち「いらっしゃいませ、こんにちは」と繰《く》り返す時、「来てくれてありがとうございます」という歓迎の感情と「よろしくどうぞ」というフレンドリーな感情の、似ている二つの感情を区別したまま、自然に言えるのでしょうか。

僕は演出家としてコンビニに入るたびに自動的に確認《かくにん》してしまうのですが（プロの演出家の職業病です。言葉に真実の感情があるのかないのか気にしてしまうのです）、そういう時、「いらっしゃいませ」か「こんにちは」のどちらかが感情の入っていない「捨て言葉」になります。

「しゃあせ、こんにちは」という風に、「いらっしゃいませ」をサッと言って、「こんにちは」に感情を乗せる人と、「いらっしゃいませ、っんちは」と逆の人がいます。

また、東京でも下町のコンビニや地方に行くと、「いらっしゃいませ」か「こんにちは」のどちらかだけを使う人が増えます。

②それが自然だからだと思います。挨拶《あいさつ》するのに、そもそも、「いらっしゃいませ、こんにちは」は長くて言いにくいし、似た気持ちの言葉を二回言うのは変だし、不便だからです。

けれど、フランチャイズ本部の指導が厳しいお店や、お店の接客マナーとして厳しく指導する上司がいる場合は、明瞭《めいりょう》な発音で「いらっしゃいませ、こんにちは」と言わなければなりません。

気持ちを入れられないのに言わなければいけない時、言葉は「独り言」になります。

Ⅱ

どういうことかをスタニスラフスキーが分類した状況《じょうきょう》の話で説明します。

図1　第一の輪

図2　第二の輪

図3　第三の輪

あなたが何かに集中したり、考え事をしている時は、あなたは「A第一の輪」にいます。

図１のように、自分独りだけにスポットライトが当たって、周りが暗い状態です。集中すればするほど周りは暗くなります。

この状況で話す言葉は「独り言」になると僕は考えました。「お腹《なか》、空《す》いたなあ」とか「あれ？ スマホどこに置いたっけ？」などのつぶやきです。

相手が一人現れたら、「B第二の輪」になります。図２のように、あなたともう一人にだけスポットライトが当たっている状態です。

この時の言葉は、まさに、「あなたと話す言葉」です。相手と一対一で話す言葉です。

相手が複数になると「C第三の輪」になります。図３のように、目に入る風景全部です。

この状態に対応する言葉は、「みんなと話す言葉」です。

お客さんが来なくて一人ぽつんといて、思わず、「暇《ひま》だな～」とつぶやいてしまうのは、「第一の輪」の状況に対応する言葉、つまり「独り言」です。

そこにお客さんが一人やって来て、「いらっしゃいませ」と言うのは、「第二の輪」の言葉、つまりは、「あなたと話す言葉」になります。

お客さんが二人以上、同時に入ってきて全員に一度に言おうと思えば、「第三の輪」の言葉、つまり「みんなと話す言葉」になります。

それぞれの輪と言葉は対応しているのですが、ズレる時もあります。

例えば、お客さんが一人入ってきた状態は「第二の輪」ですが、新人のスタッフでドキドキしてしまい、「あなたと話す言葉」ではなくて、思わず「独り言」になってしまう人もいます。

「好きな人を映画に誘《さそ》う」なんて時が一番、「X」になりやすいですね。

状況としては二人だけの「第二の輪」で、「今度の日曜日、映画にでも」と「Y」で言った瞬間《しゅんかん》に、相手が「なにっ!?」と顔をしかめたりしたら、その後の言葉はもう「Z」になってしまい、「……まあ……空いてたらなんだ……けど……アベンジャーズシリーズ……で」となる場合です。

また、お客さんが二人、同時に入って来たけれど、一人一人に「いらっしゃいませ」と二回ちゃんと言えば、それは「第二の輪」の言葉、「あなたと話す言葉」になります。

それぞれ状況と言葉の「一致《いっち》とズレ」を楽しむと、言葉の表現がより深まるのですが、紙幅《しふく》がないので、この本では深入りできません。

Ⅲ

さて、接客マニュアルで、「入店の音がしたら何をしていても『いらっしゃいませ、こんにちは』と言うこと」とか「他の従業員の『いらっしゃいませ、こんにちは』を聞いたら、すぐに続けて言うこと」と決まっているお店があります。

このマニュアルを真面目《まじめ》に実行すると、商品を整理していたり、他の接客をしていたりしながら言わなければいけなくなります。

お客さんが一人の場合は「第二の輪」の状況です。目の前の「あなたと話す言葉」になります。

ですが相手の顔を見ないどころか姿も見えないまま言おうとすると、状況は「第一の輪」になり、言葉は、自然と「独り言」になってしまうのです。

ただし、「いらっしゃいませ、こんにちは」という言葉はそもそも不自然だと書きました。「第二の輪」の状況で、目の前の人に不自然な言葉を言おうとすると、居心地が悪くなったり感情がつまずいたりします。

その感覚を乗り越えるために、相手に言う言葉ではなく、自分に言う言葉、つまり「独り言」になるのです。

演劇では、感情移入できないセリフ、意味が分からないセリフ、自信のないセリフは、すべて「独り言」になります。誰にも言えないので、「独り言」にして声に出すしか方法がないのです。

③「いらっしゃいませ、こんにちは」という言葉をマニュアル化して、「入店の音がしたら言う」とか「誰かに続けて言う」と決めている場合は、従業員に二重の苦しみを与えていることになります。不自然な状況で不自然な言葉を言うという、状況の苦しみと言葉の苦しみです。

結果として、「いらっしゃいませ、こんにちは」が飛び交《か》うお店には、対話はないのです。ただ、元気な「独り言」だけがあるのです。

～（中略）～

Ⅳ

じつは、これだけ不自然なマニュアルが続いている根本の理由は、日本人が「社会」の人と本気で話そうとしていないことだと思っています。

僕の著作を読んでくれている人なら、僕が繰り返し「世間」と「社会」について書いていることをご存知でしょう。

「世間」とは、あなたと現在、または将来、関係がある人達です。職場とか学校とか隣《となり》近所で出会う人々です。

「社会」は、あなたと現在、または将来、何の関係もない人達です。同じ電車に乗っている人とか道を歩いている人とか。

私達日本人は「世間」に生きているので、自分と関係のない人達、つまり「社会」に生きる人達との会話に慣れていないのです。

「旅の恥《はじ》はかき捨て」という情けない諺《ことわざ》は、旅で出会う「社会」は自分とは関係ない人達だから、好き勝手やっていいんだという考えです。

欧米《おうべい》だけではなくアジアのほとんどでも、エレベーターの中では、会釈《えしゃく》したり、軽く「ハーイ」と会話します。そこにいる人達は、「社会」に属する人達ですが、狭《せま》い空間に閉じ込《こ》められているので、会話しないのは不自然と感じるのです。

ただ、日本人だけが黙《だま》ります。「社会」の人は無視するのが当たり前だからです。

日本に来た外国人は、駅の階段でベビーカーを抱《かか》えて階段を登っている女性を見て驚《おどろ》きます。

私の国だと、すぐに誰《だれ》かが手伝うのにと。僕の知り合いの外国人達は、この風景に戸惑《とまど》います。

「東日本大震災《しんさい》の時に、暴動も起こらず、協力して壊《こわ》れた道路をあっと言う間に直した日本人がどうして、ベビーカーの女性を手伝わないの？　日本人は優《やさ》しいの？　冷たいの？　分からない」と。

でも、私達日本人はベビーカーの女性を手伝わない理由が分かりますよね。その女性は「社会」に属する知らない人だからです。もし、相手が「世間」に属する知り合いなら、日本人はすぐに手伝います。

「社会」の人には、どう声をかけたらいいか日本人は分からないし、慣れてないのです。

だからこそ、「社会」の人には、「いらっしゃいませ、こんにちは」というコミュニケートしない言葉をかけても平気なのです。

紙幅の関係で、この話も詳《くわ》しくできないのですが、多様性の方向に進む現代では、自分と関係ない「社会」に生きる人達とうまくコミュニケートすることが、生き抜《ぬ》くためのスキルになると僕は思っています。

その時に求められるのは、崇高《すうこう》な目的を実現しようとする「説明セリフ」ではなく、④自然な感情で語られる生《なま》の言葉なのです。

そのためには、「社会」の人に向けた言葉に対して、もっと敏感になる必要があると思っています。自分と違う人達とコミュニケートするには、結局、言葉しかないのですから。

（『演劇入門——生きることは演じること』　鴻上尚史《こうかみしょうじ》）

問1　——①「この言葉がどれほど変なのか」とありますが、

(1)「この言葉」とは、具体的には何を指しますか。本文中から十五字前後でぬき出しなさい。

(2)「この言葉」のどのような点を筆者は変だと思うのですか。「〜点。」につながるように、二十六字でぬき出しなさい。

問2　——②「それが自然だからだと思います」とありますが、「それが自然だ」というのは、どのような内容を述べているのですか。最もふさわしいものを次のア～オの中から選び、記号で答えなさい。

ア　同じ東京でも、都心の繁華《はんか》街と下町とでコンビニのあいさつの仕方が異なるのは自然なことだ。

イ　「いらっしゃいませ」と「こんにちは」の両方に感情をこめて言う人がいるのは自然なことだ。

ウ　本部や上司の厳しい指導を受けた人が、「いらっしゃいませ、こんにちは」と言うのは自然なことだ。

エ　たとえ似ているものであっても、二つの感情を区別して、別の言葉で言い表すのは自然なことだ。

オ　「いらっしゃいませ」か「こんにちは」の一方だけで感情を伝える人がいるのは自然なことだ。

問3　本文中の［X］・［Y］・［Z］にあてはまる言葉を次のア～ウの中から選び、記号で答えなさい。なお、記号はくり返し使用してもかまいません。

ア　独り言　　イ　あなたと話す言葉　　ウ　みんなと話す言葉

問4　次の1～3の状況は、――A「第一の輪」、B「第二の輪」、C「第三の輪」のどれに当てはまりますか。最もふさわしいものをそれぞれ選び、A～Cの記号で答えなさい。なお、記号の使用は一回限りとします。

1　先生が教室で「皆《みな》さん、今日も元気ですか」と話す。

2　朝起きて、「いい朝だなあ」と思わず言う。

3　友達の暁子《あきこ》さんに「今日も暑いね」と話しかける。

問5 ――③『いらっしゃいませ、こんにちは』という言葉をマニュアル化して、『入店の音がしたら言う』とか『誰かに続けて言う』と決めている場合は、従業員に二重の苦しみを与えていることになります」とありますが、そのようなマニュアルに従うことが、「二重の苦しみ」につながるのはなぜですか。解答らんに合うように説明しなさい。

問6 ――④「自然な感情で語られる生の言葉」と反対の意味を持つ言葉を、[I]の部分から十五字以内でぬき出しなさい。

問7 本文の内容を述べたものとして最もふさわしいものを次のア〜オの中から選び、記号で答えなさい。

ア 多様性の方向に進む現代では、身近な人々を「世間」や「社会」などと区別するのではなく、両者とあたたかい関係を築いていくことが求められる。

イ 異なる考えを持つ人たちとともに生きていくために最も必要なものは、自分の行動の目的を相手に正しく伝えるための説明の言葉であると理解しなければならない。

ウ 多様性の方向に進む現代を生きていくには、「社会」に生きる人と、関わりのなかで自然に生み出される言葉でコミュニケーションをとることが大切である。

エ 日本人が「世間」の人々とのコミュニケーションに苦しみを感じているのは、決められたマニュアルに従った言葉以外に相手にかける言葉を思いつかないからだ。

オ 多様性の方向に進む現代を生きぬくためには、自分とは違う言語を話す人とも上手にコミュニケーションをしたいという崇高な目的を持つことが大切である。

問8　本文のⅣを参考にして、次の⑴、⑵の問いに答えなさい。

⑴　相手が「社会」の人か、または「世間」の人なのかによって、態度や行動が異なっている例を、あなたの体験や見聞の中からあげ、一文で書きなさい。

⑵　⑴で答えたことが、あなた自身のものであるならば、過去の自分はなぜその時、そのようにしたのでしょうか。また、⑴で答えたことが、あなたが見たり聞いたりしたものであるならば、その人物はなぜそのようにしたのでしょうか。本文の内容をふまえて説明しなさい。

2023年度
福山暁の星女子中学校

入学試験問題

算数
（時間 50 分）

【注意事項】

1　指示があるまで，中を見てはいけません。

2　開始の合図の後，解答用紙に受験番号を記入しなさい。

3　解答は，すべて解答用紙に記入しなさい。

4　問題用紙の余白は，計算用に使ってもかまいません。

1 次の問いに答えなさい。

(1) $10-3\times 2$ を計算しなさい。

(2) $\frac{3}{2}\div\frac{5}{12}$ を計算しなさい。

(3) $2.5\times 0.4-\frac{1}{3}$ を計算しなさい。

(4) $\{(21-3\times 4)+11\}\div 4$ を計算しなさい。

(5) 次の □ にあてはまる数を求めなさい。

$$0.4+\square=2\frac{1}{2}$$

(6) 仕入れ値が 1200 円の商品に，仕入れ値の 25 % の利益を見込んで定価をつけます。
この商品の定価を求めなさい。

(7) 9 と 15 と 21 の最小公倍数を求めなさい。

2 次の問いに答えなさい。

(1) 右の図の三角形の面積を求めなさい。

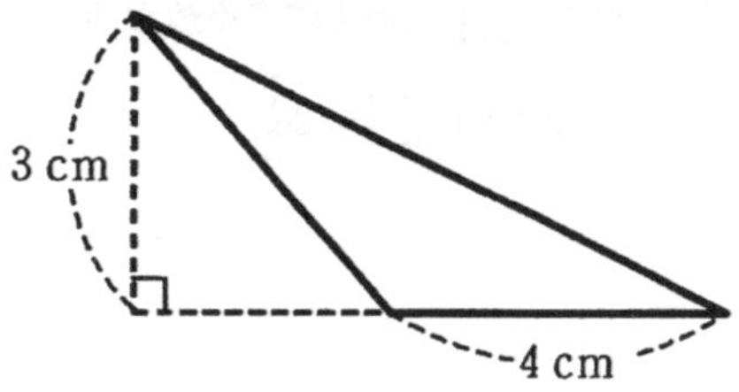

(2) 右の図の (ア) の角度を求めなさい。

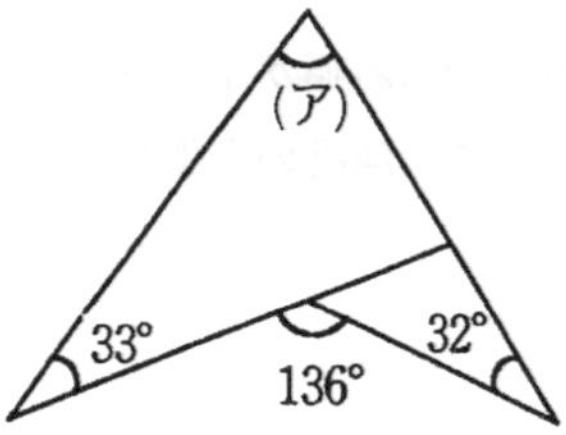

(3) 右の図において，大きい円の半径が 6 cm，小さい円の半径が 1 cm であるとき，色のついた部分の面積を求めなさい。ただし，円周率は 3.14 とします。

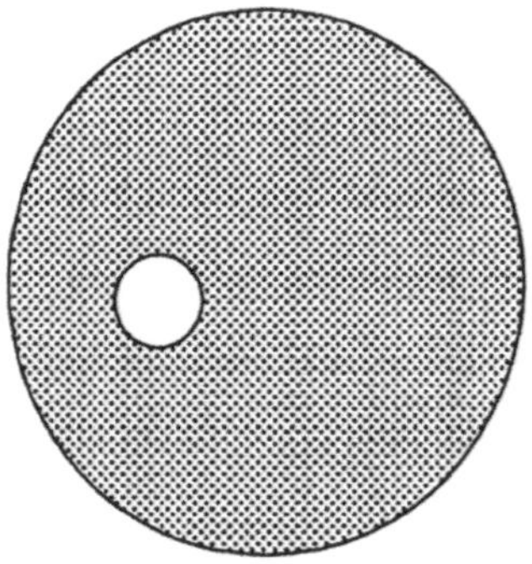

(4) 右の図において，おうぎ形の周の長さを求めなさい。
ただし，円周率は 3.14 とします。

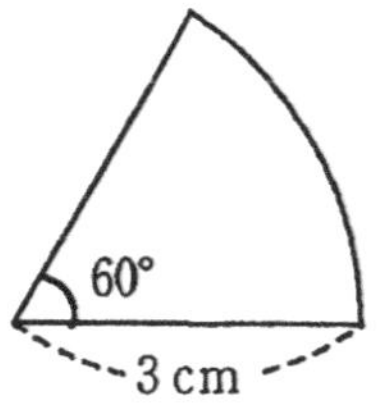

(5) 右の立体の体積を求めなさい。

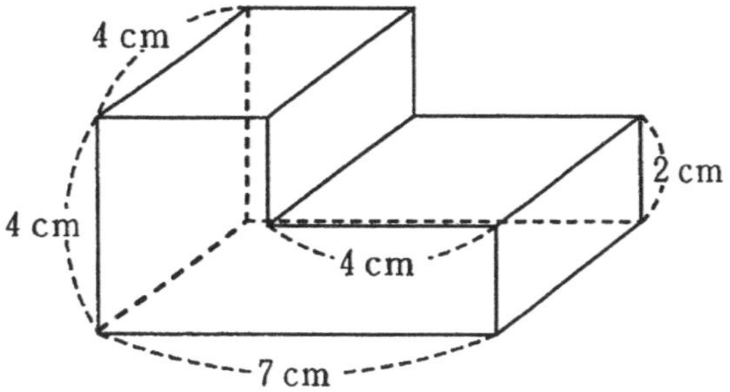

3 ある姉妹が家から 8 km はなれた図書館に向いました。
右のグラフは，9 時 30 分に妹が家から図書館に自転車で行ったようすを表しています。次の問いに答えなさい。

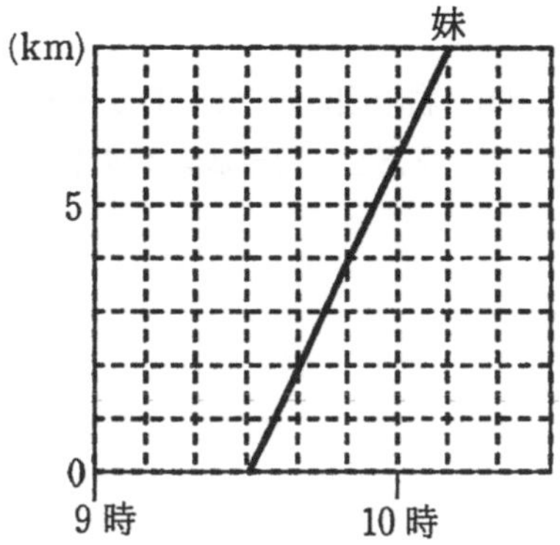

(1) 妹の速さは時速何 km か答えなさい。

(2) 姉は次のように家から図書館に向かいました。

・姉は 9 時 10 分に出発し，とちゅうで 1 回だけ 20 分間休みましたが，
それ以外は一定の速さで走りました。
・9 時 50 分に家から 4 km の地点で妹に追い抜かれました。
・10 時 30 分に図書館に着きました。

姉が家から図書館に行ったようすを表すグラフとして正しいものを下の (ア) ～ (エ) の中から選びなさい。

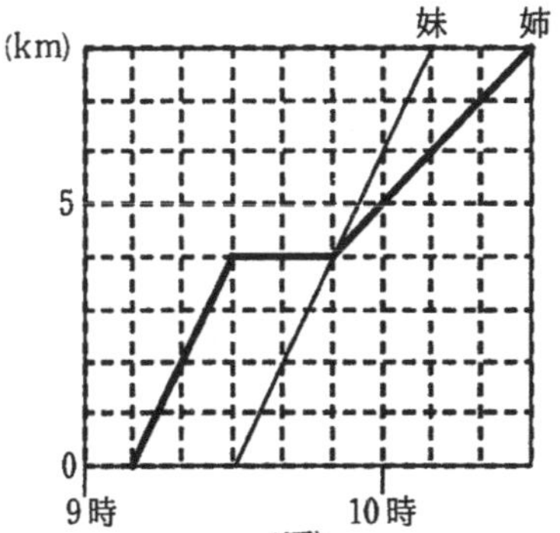

(ア)

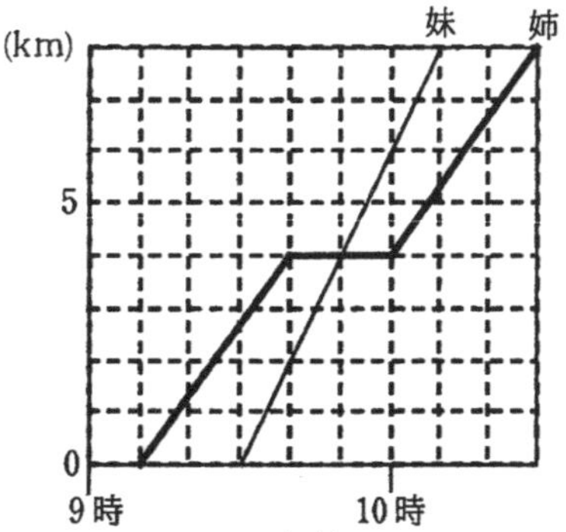

(イ)

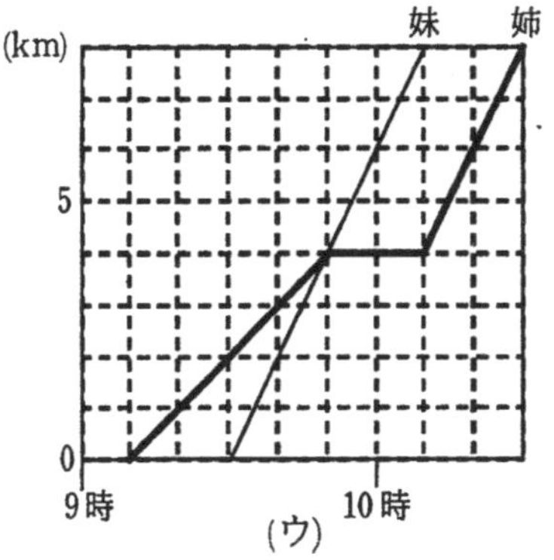

(ウ)

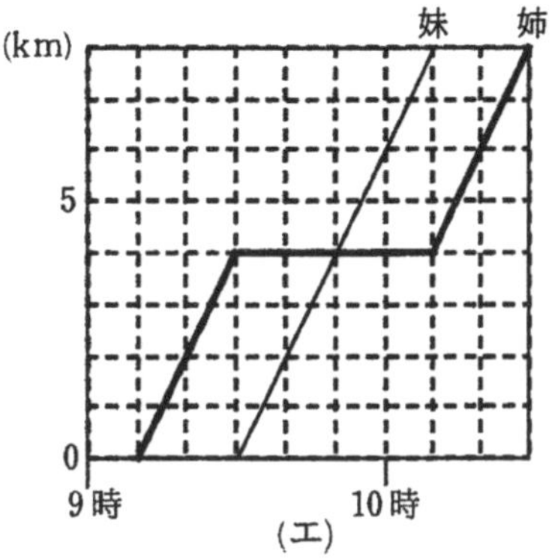

(エ)

二〇二三年度　福山暁の星女子中学校入学試験　国語　解答用紙

※100点満点
（配点非公表）

受験番号

一

問1

1

2

3 く

4 る

5

6

問2

1

2

3

4

問3

1

2

二

問1

(1) 15

(2) 点。

紙
(その１)

※100点満点
(配点非公表)

受験番号

2

(1)		(2)	
(3)		(4)	
(5)			

3

(1)		(2)	

2023 年度 福山暁の星女子中学校　入学試験　算数　解答用

4

(1)

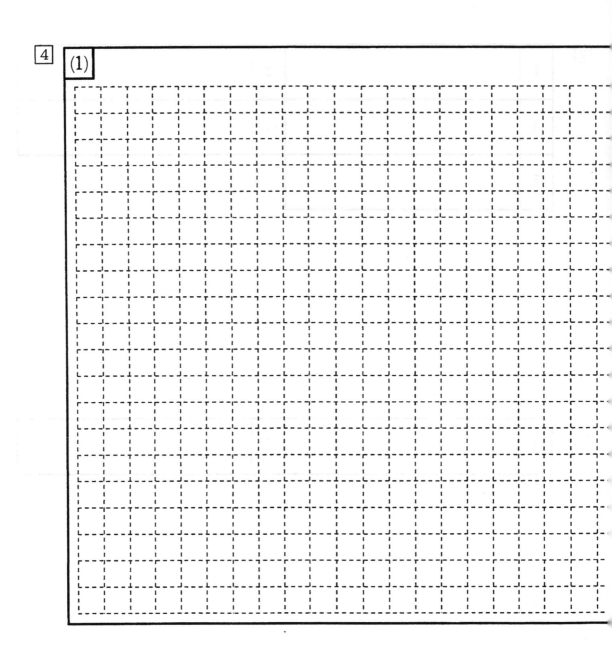

2）

受験番号

(2)

番号	説明

2023年度 福山暁の星女子中学校　入学試験　算数　解

1

(1)		(2)	
(3)		(4)	
(5)		(6)	
(7)			

問3
X
Y
Z

問4
1
2
3

問5
マニュアルに従うことで、従業員は、

問6

問7

問8
(1)
(2)

(計算に使ってください)

4 次のような長方形のタイルを 6 枚組み合わせて，四角形になるようにすき間なくしきつめます。

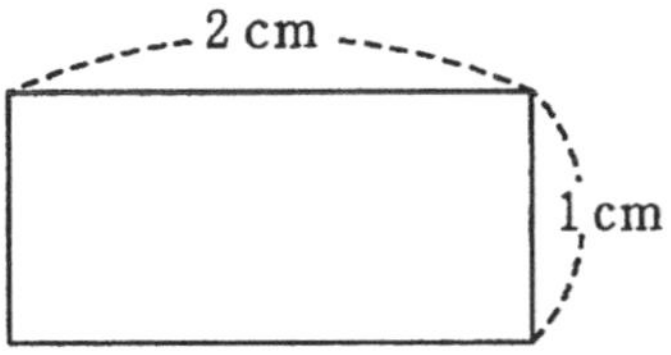

(1) しきつめ方を 10 通りかきなさい。その際，例の図のように ① ～ ⑩ の番号を書き込みなさい。ただし，回転や裏返すことによりしきつめ方が同じになるものは 1 つしかかいてはいけません。図の 1 マスのたて，横の長さをそれぞれ 1 cm として考えなさい。

(例)

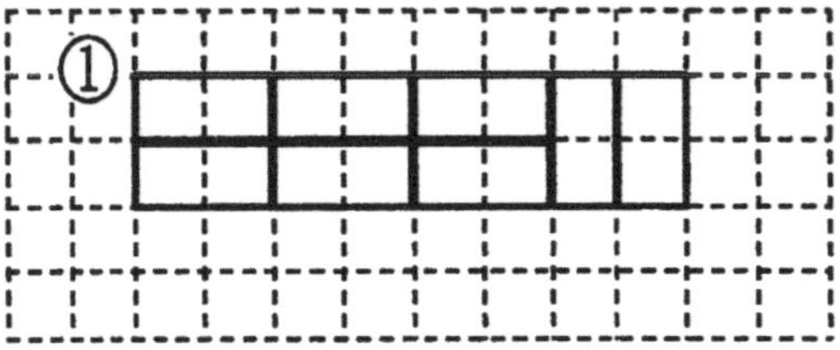

この例は，8 枚のタイルを並べたものです。

(2) (1) でかいた 10 通りのしきつめ方を，次の例のように，特ちょうに注目していくつかのグループに分けなさい。また，その分け方を説明しなさい。

(例)

番号	説明
①，③，⑤	○○○○○○○○○○○○だから。
• • •	• • •

(計算に使ってください)

２０２３年度

福山暁の星女子中学校　入学試験問題

適 性 検 査 １

（時間４５分）

【注意事項】

１　指示があるまで，中を見てはいけません。

２　開始の合図の後，解答用紙に受験番号を記入しなさい。

３　問題は，５つあります。

４　解答は，すべて解答用紙に記入しなさい。

５　解答用紙の※印のあるところには，記入してはいけません。

６　問題用紙の余白は，メモに使ってもかまいません。

あけみさんとほしこさんは，呼吸について話し合っています。

とても息を切らしているけれど，どうしたの？

今，体育の授業でランニングをしたの。
特に激しい運動をすると息が苦しくなるわ。

運動をするとヒトの体には色々な変化が起こるみたいだね。

移動する速さと１分あたりの呼吸数および心拍数の関係

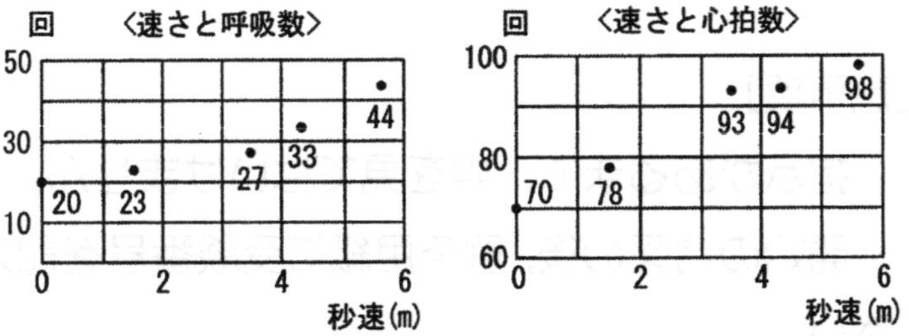

安静時(秒速０ｍ)，徒歩(秒速1.5 ｍ)，ジョギング(秒速3.5 ｍ)，軽快に走る(秒速4.3 ｍ)，
全力で走る(秒速5.6 ｍ) を各３回ずつはかった平均値

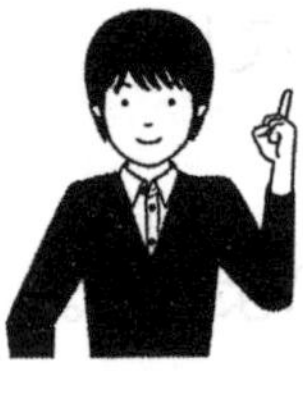

全力で走ると肺や心臓の動きが速まるのが分かるね。

でも，体温や血液に含まれる酸素の量はあまり変化がないのね。

移動する速さと体温および血液中の酸素量の関係

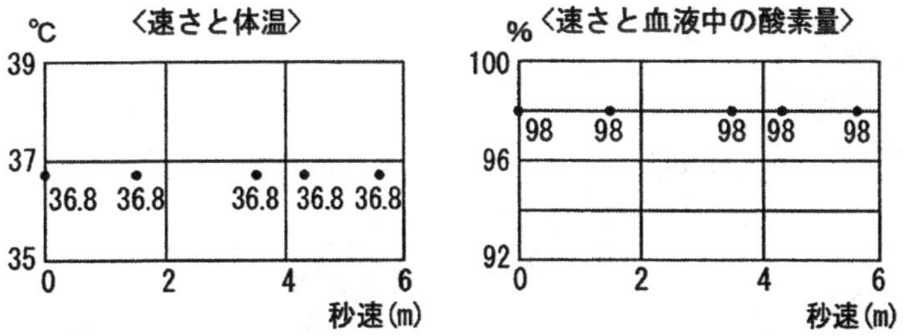

安静時(秒速 0 m)，徒歩(秒速 1.5 m)，ジョギング(秒速 3.5 m)，軽快に走る(秒速 4.3 m)，
全力で走る(秒速 5.6 m) を各３回ずつはかった平均値

うーん，運動すると，体温が上がったり，酸素をたくさん消費したりしそうだけど…

汗をかいて，体を冷やしてるんじゃないかしら。

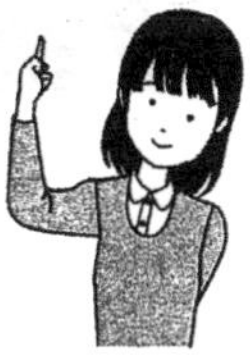

問題１　運動すると多くの酸素を消費することが知られています。運動しても血液中の酸素量に変化がない理由を，しめされた資料を使って２つ答えなさい。

あけみさんとほしこさんは，江戸時代の町で起こっている出来事をえがいた絵を見て，話し合っています。

江戸時代，都市部に住んでいた人たちが起こしていた打ちこわしのようすだわ。

人々が米屋をおそって，米屋が買い占めていた米をばらまいているところだわ。

まずは，江戸時代のどの時期に打ちこわしが多かったかを見てみよう。

1731年以降の打ちこわしの数

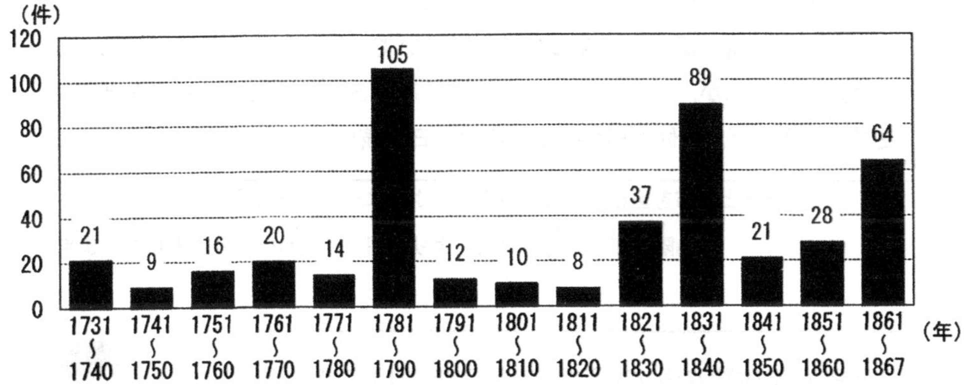

青木虹二『百姓一揆《いっき》総合年表』より作成

1781～1790 年の間と 1831～1840 年の間に，打ちこわしが多く起こっているわ。

２つの年代のようすを記したものから，何かヒントを得られないかしら。

○天明３（1783）年のようす（鈴木正長『農喩《のうゆ》』より）

ごくまれに日の光がさすことがあっても，晴天の日は１日もなく，毎日毎日雨が降るので，陰気《いんき》がちになって，作物が成長できない。……このありさまでは秋の収穫《しゅうかく》はどうなるのだろうと憂《うれ》いながら，日々を送っていると，北東から強い風が起こって，二夜三日吹《ふ》き続いた。…

○天保《てんぽう》４（1833）年のようす（『田村吉茂日記』より）

４月ごろは霧《きり》の深い日が毎日のように続いて，肌《はだ》寒く，５月はもちろん袷《あわせ》※を着たほか，６月になってもやはり寒い日が続くため，袷を手放さずに着るほど，気候は相変わらず不順の日が続いた。

※　袷 … 表布と裏布を重ね合わせ１枚の布のように仕立てた衣服

中島陽一郎『飢饉《ききん》日本史』より引用（やさしい言葉に直しています）

1730 年以降の米の価格の移り変わりを調べたわ。

1730 年以降の１石《こく》※あたりの米の価格

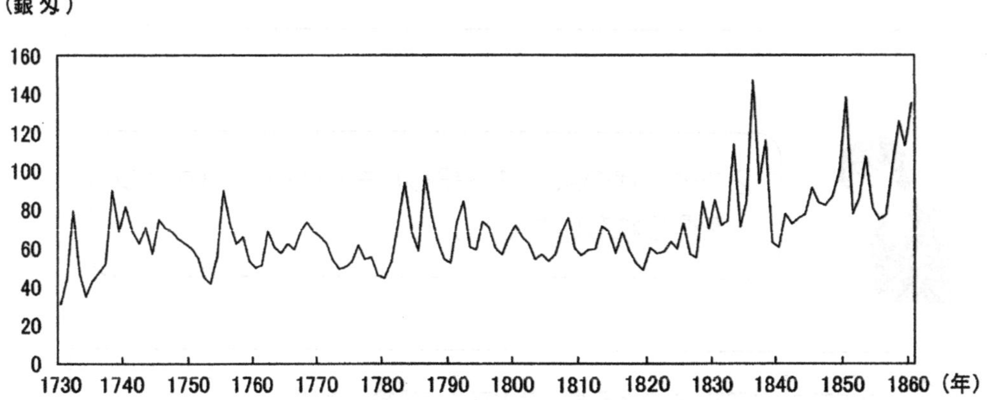

『日本歴史大事典４』より作成

※　１石 … 約 150 kg

問題２　1781～1790 年の間と，1831～1840 年の間に打ちこわしが多く発生した理由を，しめされた資料を使って説明しなさい。

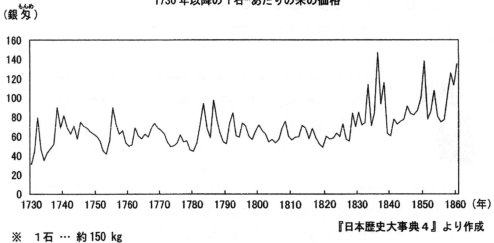

あけみさんとほしこさんは，日本の水資源について話し合っています。

水は私たちのくらしだけでなく，農業や工業にも欠かせないものだわ。水がどのように使われているかを分類した資料を見つけたわ。

水の使われ方（用水）の分類

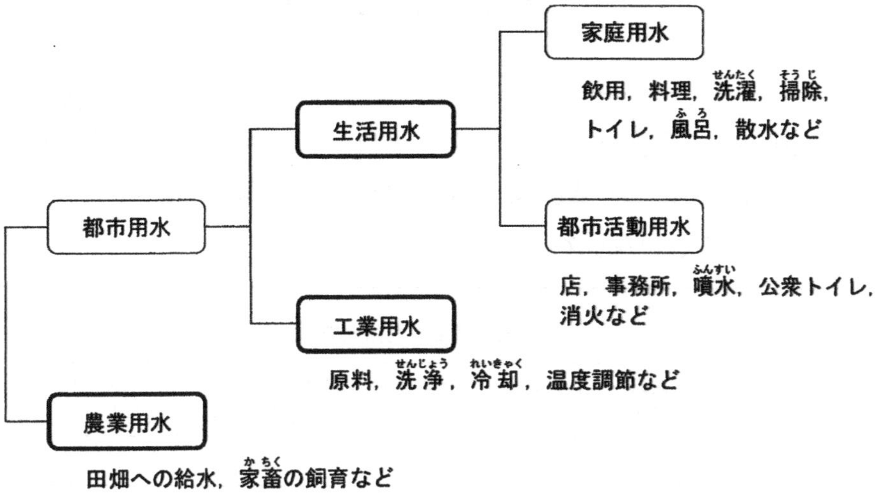

国土交通省「日本の水資源の現況《げんきょう》（令和３年)」を引用

次のグラフは，太い枠でしめされている３つの用水について，全国と南関東，東海，九州の各地方の用水の利用割合を表したものだよ。

南関東　埼玉県・千葉県・東京都・神奈川県
東　海　長野県・岐阜県・静岡県・愛知県・三重県
九　州　福岡県・佐賀県・長崎県・大分県・熊本県・
　　　　宮崎県・鹿児島県・沖縄県

全国と南関東，東海，九州地方の用水の利用割合

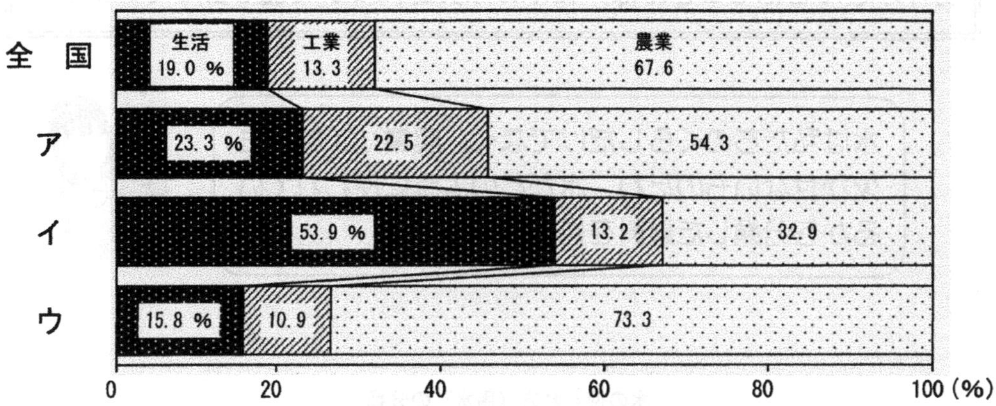

国土交通省「日本の水資源の現況（令和３年）」より作成

地方によって違《ちが》いがあるわね。それぞれの地方の人口，農業，工業のようすと比べると，何かわかるかもしれないわ。

南関東，東海，九州地方の統計

	人口 （万人）	人口集中地区の割合 （%）	農業産出額 （億円）	製造品出荷額等 （兆円）
南関東	3691	90.5	6419	51.2
東　海	1697	61.7	9613	87.9
九　州	1425	58.3	18332	25.0

総務省「令和２年国勢調査」，農林水産省「令和２年生産農業所得統計」，
経済産業省「2020 年工業統計調査（2019 年実績）」より作成

問題３　上のア～ウのグラフから，東海地方のグラフを１つ選び記号で答えなさい。また，そのグラフを選んだ理由を，しめされた資料を使って説明しなさい。

あけみさんとほしこさんは，陣取《じんと》りゲームの話をしています。

この陣取りゲームは，一筆書きで上下左右の点を結んで，囲ったところが点になるゲームだよ。一筆書きなので，同じ線を２度通ることはできないよ。

〔ルール〕

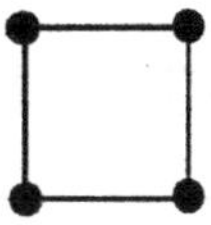

となり合う４つの点を結んで４方向を囲めば２点

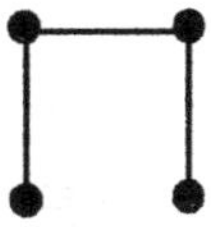

となり合う４つの点を結んで３方向を囲めば１点

下の図のように結べば４点になるのね。

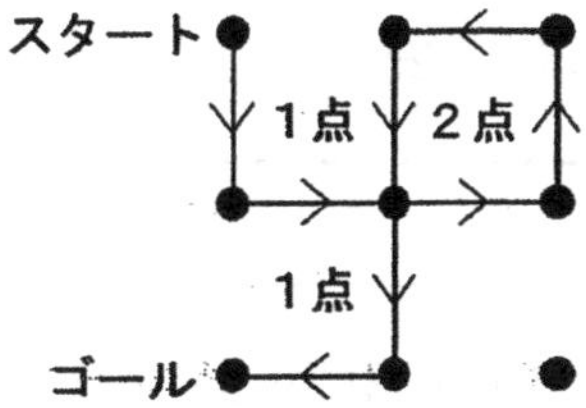

３点や５点もできそうだね。

問題４　右の図で，点数がもっとも多くなるときの点の結び方を解答用紙に１つ書き，その点数を答えなさい。図にはスタートとゴールの場所をしめしなさい。

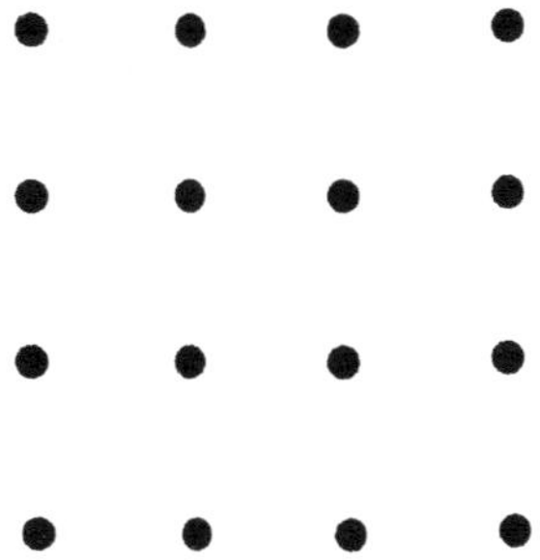

あけみさんとほしこさんのクラスの生徒２０人は，自分の名前を書いたカードをたくさんもって公園へ出かけました。

公園で，友達と出会ったら，名前の書いたカードを交換《こうかん》するゲームをするよ。

同じ友達とは一度しか交換しないのね。

公園は広いから，全員とは出会わないかもしれないね。何枚交換できるかしら。

ゲーム終了後 …

誰とも出会わなかった人はいなかったわね。
私は３人としか交換できなかったわ。

問題５　クラスの生徒２０人の中に交換したカードの枚数が同じ生徒が少なくとも２人います。その理由を答えなさい。

二〇二三年度

福山暁の星女子中学校　入学試験問題

適性検査２

（時間四十五分）

【注意事項】

1　指示があるまで、中を見てはいけません。
2　開始の合図の後、解答用紙に受験番号を記入しなさい。
3　解答は、すべて解答用紙に記入しなさい。
4　解答用紙の※印のあるところには、記入してはいけません。
5　問題用紙の余白は、メモに使ってもかまいません。

【問題】　作家の大江健三郎《おおえけんざぶろう》は『「自分の木」の下で』の中で、アンケートの葉書《はがき》に書かれた読者からのいくつもの質問のうちの一つとして、「あなたは子供の時、どんな人になりたいと思っていましたか?」という問いを取り上げ、次のように述べています。

お詫び
著作権上の都合により、文章は掲載しておりません。
ご不便をおかけし、誠に申し訳ございません。
教英出版

ここではみなさんにも、将来「どういう心の持ち方の人、どういう態度の人」になりたいと考えているか、たずねたいと思います。次の《資料1》《資料2》を読んで、あとの《問い》に答えなさい。

《資料1》

お詫び
著作権上の都合により、文章は掲載しておりません。
ご不便をおかけし、誠に申し訳ございません。
教英出版

お詫び

著作権上の都合により、文章は掲載しておりません。
ご不便をおかけし、誠に申し訳ございません。

教英出版

（ほぼ日刊イトイ新聞　著・編集『岩田さん　岩田《いわた》聡《さとる》はこんなことを話していた。』による）

《資料２》

京本大我《きょうもとたいが》（ＳｉｘＴＯＮＥＳ《ストーンズ》）

お詫び

著作権上の都合により、文章は掲載しておりません。
ご不便をおかけし、誠に申し訳ございません。

教英出版

２０２３年度　福山暁の星女子中学校　入学試験問題

適性検査１　解答用紙

受験番号	第　　　　番

※100点満点
（配点非公表）

※

問題１

1 ※

【解答用

２０２３年度　福山暁の星女子中学校　入学試験問題

適性検査１　解答用紙

受験番号	第　　　番

※

問題４

点

400

二〇二三年度　福山暁の星女子中学校　入学試験問題

適性検査2　解答用紙

受験番号	第　　　　番

◎　より強く意識した参考資料

《資料1》　／　《資料2》

※100点満点
（配点非公表）

※

【解答

4※

問題 5

5※

問題２

2※

問題３

3※

お詫び

著作権上の都合により、文章は掲載しておりません。
ご不便をおかけし、誠に申し訳ございません。

教英出版

（「月刊ＰＨＰ　二〇二二年九月号」による）

＊１　ジャニーさん……所属する芸能事務所の社長の名前。
＊２　日常《にちじょう》茶《さ》飯《はん》事《じ》……常にあるありふれたこと。

《問い》

あなたは将来、「どういう心の持ち方の人、どういう態度の人」になりたいと考えていますか。あなたの考えを、《資料》も参考にしながら、あとの《条件》に合うように述べなさい。

《条件》

⑴　あなたが自分の考えをまとめる際に、「参考資料」としてより強く意識したのは《資料１》と《資料２》のどちらか。○でかこむこと。
⑵　解答は四〇〇字前後で記すこと。
⑶　全体を四つの形式段落で構成すること。各段落に記す内容については、次の①～④に従うこと。
①　一段落目で、自分の〈意見〉を明示すること。
②　二段落目では、自分が「なぜそう考えるのか」説明するための〈理由〉を挙げること。
③　三段落目では、二段落目で述べた〈理由〉を補強するための〈具体例〉を挙げること。
④　四段落目は、〈まとめ〉の段落とすること。
⑷　原稿《げんこう》用紙使用上のルールを守ること。

二〇二二年度　福山暁の星女子中学校　入学試験問題

国語

【注意事項《じこう》】

一　指示があるまで、中を見てはいけません。

二　解答時間は五十分です。

三　開始の合図の後、解答用紙に受験番号を記入しなさい。

四　解答は、すべて解答用紙に記入しなさい。

五　解答するとき、字数の指定があるものについては、句読点などの記号も字数に数えます。

一 次の文章を読んで、あとの問いに答えなさい。

（プロレスは、純粋《じゅんすい》なスポーツであるアマチュアレスリングとは異なり、あらかじめ作られたシナリオのもと、善玉か悪玉の役に固定されたプロレスラーが演じる、ショーである。最後には必ず善玉が勝つことになっているが、観客もそれをわかったうえで、はでな演出を楽しむ。下田牛之助《しもだうしのすけ》は、プロレスラーとして活躍《かつやく》していた。）

お詫び
著作権上の都合により、文章は掲載しておりません。
ご不便をおかけし、誠に申し訳ございません。
教英出版

お詫び

著作権上の都合により、文章は掲載しておりません。
ご不便をおかけし、誠に申し訳ございません。

教英出版

お詫び

著作権上の都合により、文章は掲載しておりません。
ご不便をおかけし、誠に申し訳ございません。

教英出版

お詫び

著作権上の都合により、文章は掲載しておりません。
ご不便をおかけし、誠に申し訳ございません。

教英出版

お詫び

著作権上の都合により、文章は掲載しておりません。
ご不便をおかけし、誠に申し訳ございません。

教英出版

お詫び

著作権上の都合により、文章は掲載しておりません。
ご不便をおかけし、誠に申し訳ございません。

教英出版

お詫び

著作権上の都合により、文章は掲載しておりません。
ご不便をおかけし、誠に申し訳ございません。

教英出版

お詫び

著作権上の都合により、文章は掲載しておりません。
ご不便をおかけし、誠に申し訳ございません。

教英出版

お詫び

著作権上の都合により、文章は掲載しておりません。
ご不便をおかけし、誠に申し訳ございません。

教英出版

お詫び
著作権上の都合により、文章は掲載しておりません。
ご不便をおかけし、誠に申し訳ございません。
教英出版

お詫び
著作権上の都合により、文章は掲載しておりません。
ご不便をおかけし、誠に申し訳ございません。
教英出版

（中島らも「お父さんのバックドロップ」）

注　グレコローマンスタイル　　アマチュアレスリングの種目の一つ。

問1　━━a～fのカタカナを漢字に直しなさい。

問2　――①「ぼくはお父さんを尊敬していない」と下田くんがいうのはなぜですか。理由を答えなさい。

問3　――②「ああいうこと」とありますが、この場面で牛之助は、「ああいうこと」をしているのは何のためだと言いたいのですか。それを説明した次の文の空らんにあてはまる表現を、本文中から二十字以内でぬき出しなさい。

○プロレスの試合を[　　　　　　　　　　]ため。

問4　―――③「タケルはそのさびしそうなすがたを見ると、なんだかなみだが出てきそうになった」とありますが、このときのタケルの気持ちを説明しなさい。

問5　[A]、[B]にあてはまる、体の部分を表す言葉を漢字で答えなさい。

問6　―――④「へんに意地をはって」とは、どのようなことですか。最もふさわしいものを次のア～オの中から選び、記号で答えなさい。

ア　以前父のことを尊敬できないと言って父におこられたので、いじけて知らんふりをしようとすること。

イ　父に対して失礼な態度をとったことを反省してはいるが、あやまるきっかけを失って困っているということ。

ウ　先日父に向かって、お父さんのようになりたくないと言い放った手前、無関心をつらぬこうとすること。

エ　父の試合のなりゆきが気にはなるが、自分が行って気をつかわせてしまうことを心配しているということ。

オ　今日はタケルがいっしょにいるため、実は大好きな父をつき放す、冷たい態度を取ろうとすること。

問7 ――⑤「牛之助は、いつものはでなコスチュームではなく、アマチュアレスリングのウェアに身をつつんでいる」とありますが、なぜ牛之助はアマチュアレスリングのウェアを着ているのだと考えられますか。その理由として最もふさわしいものを次のア～オの中から選び、記号で答えなさい。

ア　昔のようにアマチュアレスリングのウェアを着て試合をすることで、試合に負けるかもしれないとおそれる気持ちを包みかくしたかったから。

イ　昔のようにアマチュアレスリングのウェアを着て試合をすることで、対戦相手に自分はオリンピックにも参加したことがあると知らせたかったから。

ウ　昔のようにアマチュアレスリングのウェアを着て試合をすることで、自分を笑い者にしてきた観客に、自分の本当の姿を知らせたかったから。

エ　昔のようにアマチュアレスリングのウェアを着て試合をすることで、父親としてむすこに、今日の試合を本気で戦う覚悟《かくご》を見せたかったから。

オ　昔のようにアマチュアレスリングのウェアを着て試合をすることで、家族に、純粋《じゅんすい》にスポーツを楽しんでいた学生時代の気迫《きはく》を見せたかったから。

二　次の文章を読んで、あとの問いに答えなさい。なお、設問の関係上、本文の表現を一部改めたところがあります。

鳥がどうやって鳴き声を出しているのか考えてみましょう。

鳥の多くは、鳴管《めいかん》をふるわせて鳴きます。

たとえばウグイスのくちばしから尾《お》の先まではおよそ15㎝です。だいたいスズメと同じ大きさです。この小さな身体の喉《のど》、気管の近くに鳴管があります。15㎝の身体のなかの小さな器官ですから、人間の小指の先ほどもないでしょう。その筋肉を動かして音を出し、身体のなかで反響《はんきょう》させたりして、さえずりを生み出します。ウグイスの「ホーホケキョ」も、この鳴管を動かすことで音になり、私たちに聞こえることになります。

実際に野外でウグイスの「ホーホケキョ」を聞くととても大きな声だとわかります。近くであれば耳が痛いほどです。録音していると、人が大声を出したときと同じくらい録音レベルのメーターが反応《はんのう》します。

①「ホーホケキョ」という音を波形《はけい》で見てみましょう。次ページのように波形で音を表示すると、音の大きさやエネルギーがわかります（図１）。

音の大きさの単位はdb（デシベル）です。

dbは対数《たいすう》表示という表し方をします。対数表示の例としては、たとえば地震《じしん》のエネルギーを表すマグニチュードがあります。かんたんに言うとマグニチュード４と５では、５は４の１・２５倍ではなく、10倍のエネルギーがあることになります。dbもそれと同じで、値《あたい》を見るときはそこに注意してください。

また、いちばん大きな音を０dbとして、それを基準にマイナスをつけて表示します。ですから、数字が大きくなるから大きな音ではなく、数字が大きいほうが小さな音になります。

②以上を頭に入れて、改めて「ホーホケキョ」の音の強さ、エネルギーの変化を見てみましょう。

「ホーホケキョ」の音の波形
（デシベル＝音の大きさ）

図　1

● 図の縦軸《たてじく》が db（デシベル）、横軸が時間です。

● 音の大きさの単位 db（デシベル）

「デシ」はデシリットルなどにも使われる単位で、1dL（デシリットル）＝ 0.1L です。つまり「デシ」は基準となる単位の 0.1 倍を意味します。おなじみのキロは 1000 倍（1Kg ＝ 1000g など）、センチは 0.01 倍（1cm ＝ 0.01m など）、ミリは 0.001 倍（1mm ＝ 0.001m など）です。「ベル」は音などを表すために使われる単位で、電話の発明者でもあるアレクサンダー・グラハム・ベルに由来します。

● db を対数表示する理由

対数であつかう量は、少ない量と多い量の差が大きな場合に使われます。大きな量を数値で表すと０のケタ数が多くなって、０が多いとケタを読みまちがえる可能性がありますが、対数表示にするとそれを避《さ》けることができます。

録音した「ホーホケキョ」のエネルギーを表した、図１を見てください。この音声では「ホー」の部分は、マイナス24 dbからマイナス９ dbへと約１秒間で大きな音に変化しています。さらに「ホケキョ」の部分では、「ホ」がマイナス６ db、「ケ」がマイナス４ dB、「キョ」が最大となりマイナス３ dbになります。

これは、このウグイスと録音機との距離《きょり》の結果で、もっと近ければこの数字がより小さくなり、逆に遠ければ大きな数字となります。ですから、この数字をそのまま「キョ」はマイナス３ dbの音量があるという読み方をしません。あくまでも、比べると「ケ」より「キョ」のほうが大きな音で、そのエネルギーは何倍もあるというように読み取ってください。

つまり「ホーホケキョ」は、最初と最後では10倍もの音の大きさが変化していることになります。

ところがウグイスのさえずりを聞いていて、最初と終わりで音が10倍以上も大きくなっていると感じることがあるでしょうか。実際には、あまりそう感じないと思います。そのひみつは音の高さにあります。

今度は、「ホーホケキョ」の音の高さの変化を見てみましょう。

音の高さは、Hz（ヘルツ）という単位で示します。Hzは、１秒間に何回振動《しんどう》したかという数字です。これは対数ではなくふつうの数字です。

たとえば、「野鳥は１００Hzから１００００Hzまで幅広《はばひろ》い音域で鳴いています」という言い方をします。１秒間に１００回から１万回振動させる音まであるということになり、数字が少ないと「ボー」という低い音、多いほど「チーッ」と聞こえる高い音になります。また１０００Hz以上を１ｋHz《キロヘルツ》と表示することもあります。

音の高さと変化を見るためには、次ページのように鳴き声を声紋《せいもん》で表示させます（図2 省略）。

これで見ると「ホー」は１５００～２０００Hzの幅にあります。ちなみに、私たち人間は２００～５００Hzで話しています。高い声を出す女性のソプラノ歌手で１５００Hz前後と言われていますから、この「ホー」はソプラノなみ、あるいはそれ以上の高い音と言えます。

それに続く「ホ」は１４００～３２００Hzにかけて波形を描《えが》いています。同じように「ケ」は２０００～３５００Hzの波、「キョ」はいちばん高い５４００から、１８００Hzに下がって鳴いているのがわかります。

「ホーホケキョ」全体は１４００～５４００Hzの音域で、その音の幅は４０００Hzもあることになります。ふつう、人は数百Hzの音の幅しか出せないので、ウグイスはその10倍以上に音の高さを変化させて鳴いていることになります。

ここで音の特性の一つを覚えておいてください。

「高い音は、遠くまで届かないけれど隙間《すきま》を通りぬける。低い音は、遠くまで届くけれどさえぎるものがあると伝わりにくい」です。

高い音は振動が細かくエネルギーが少ないので、遠くまで聞こえません。しかし、細かい振動なので物と物の間を通りぬけてよく聞こえます。たとえば、満員電車のなかでとなりの人のイヤフォンから「シャカシャカ」という高い音が聞こえてきたことはありませんか。これは、高い音だけが耳とイヤフォンの間をすりぬけて聞こえてくるからです。聞いている本人は重低音の音楽を聴《き》いているかもしれませんが、その音楽のなかの高い音の要素だけが、外にもれて聞こえているのです。

逆に、遠いカミナリの音は「ゴロゴロ」と[A]だけが聞こえます。カミナリの音には、近くで聞くと「カリカリ」という[B]があります。しかし、何km も離《はな》れていると[C]は途中《とちゅう》で消えてしまい、[D]だけが伝わってきて聞こえる例です。

③鳥たちは、この音の特性をうまく利用して鳴いているのです。

小鳥の鳴き声に高い音で鳴くものが多いのは、森のなかで生活しているからです。森は、木の葉が茂《しげ》っています。その間をすりぬける音は、高い音のほうが有利ということなります。針葉樹が好きなキクイタダキという小鳥は、葉の茂ったなか６０００〜１００００Hzの高い音でさえずります。また、茂ったやぶのなかにいるヤブサメという鳥も、８０００〜１００００Hzと日本でもっとも高い声でさえずります。

草原など開けたところでネズミを捕《と》って生活しているフクロウの声は低く１５０〜３５０Hzです。

さらに、北海道に現在１６０羽《わ》しかいないと言われているシマフクロウは１５０Hz前後のとても低い声で鳴きます。実際に鳴き声を聞いたことがありますが、肺や腹腔《ふくくう》に共鳴するような低音で鳥肌《とりはだ》が立ちました。その音は１km以上先まで聞こえると言われています。

もちろん例外もありますが、森のなかで生活している鳥の鳴き声は高く、開けた環境《かんきょう》の鳥は低い声で鳴く傾向《けいこう》があります。

ウグイスの「ホーホケキョ」は、人の声と比べると高い音です。しかし「ホー」の部分は鳥の声のなかでは低いほうです。「ホケキョ」のほうは、多くの小鳥と同じような高めの音域にあると言えます。

ですから、11ページで述べたように「ホー」の部分の音量が小さくて「ケキョ」が大きくても、離れたところでは低い「ホー」はエネルギーが減ることなくそのままの音量で聞こえ、反対に「ケキョ」の音のエネルギーは減っていくので、その結果、大きなちがいのない音量に聞こえるのです。

ある意味では「ホーホケキョ」は、④低い音の良いところと高い音の良いところを織り交ぜた〝いいとこどり〟の鳴き方ということになります。

もう一度、ウグイスの好きな環境を思い出してください。ウグイスがいるのは森のなかのやぶ、あるいは草原の草のなかです。もし木の上にとまって鳴くのであれば、高い声のほうが有利です。また、草原でも開けたところならば低い声が便利です。しかしウグイスの住む環境は、どちらの要素もあるやぶ。そうすると「ホー」は低い音、「ケキョ」は高い音で鳴き、やぶのなかでも遠くまで聞こえる二重構造の音で鳴くことで、少しでも遠くまでさえずりを聞かせようとしていることになります。

（松田道生『鳥はなぜ鳴く？　ホーホケキョの科学』）

問1　――①『ホーホケキョ』という音を波形で見てみましょう。次ページのように波形で音を表示すると、音の大きさやエネルギーがわかります(図1)」とありますが、図1にあてはまる「ホーホケキョ」という「音の波形」として最もふさわしいものを、本文を手がかりに次のア～エの中から選び、記号で答えなさい。

ア

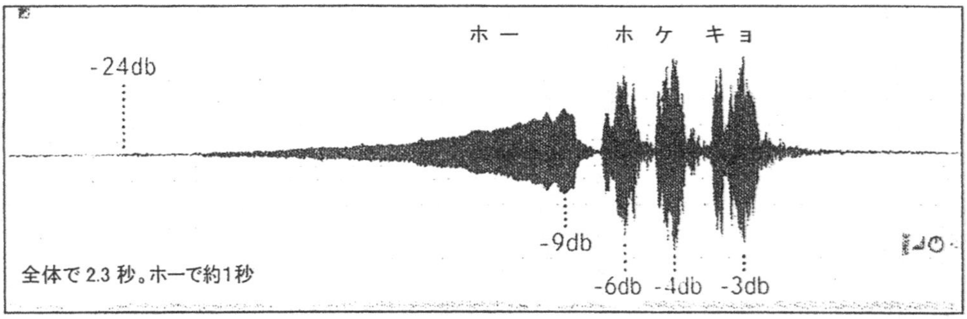
ホー
ホ ケ キョ
-24db
-9db
-6db -4db -3db
全体で 2.3 秒。ホーで約1秒

イ

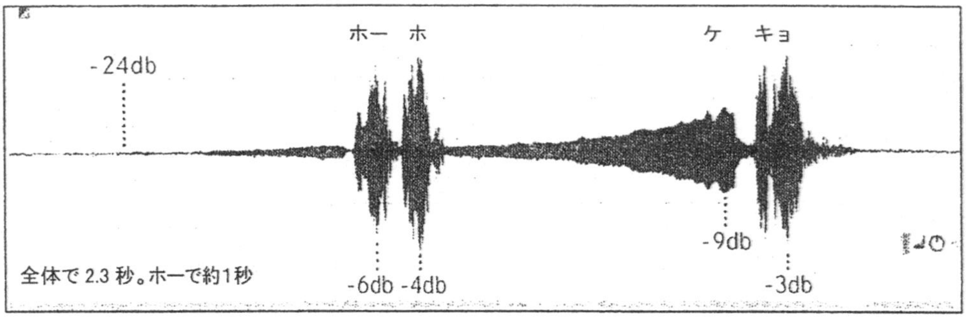
ホー ホ
ケ キョ
-24db
-9db
-6db -4db
-3db
全体で 2.3 秒。ホーで約1秒

ウ

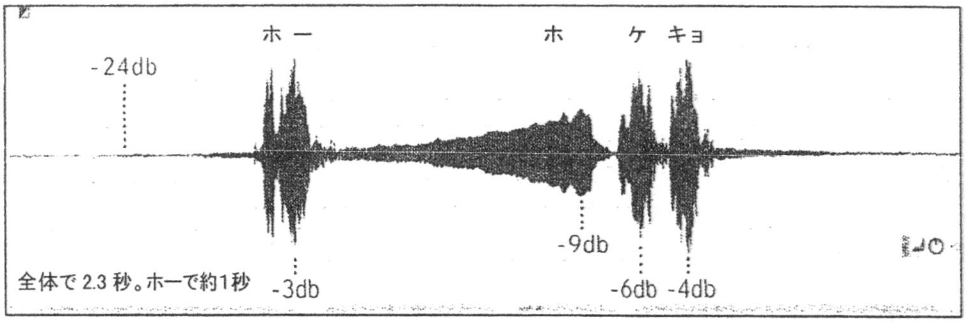
ホー
ホ ケ キョ
-24db
-9db
-3db
-6db -4db
全体で 2.3 秒。ホーで約1秒

エ

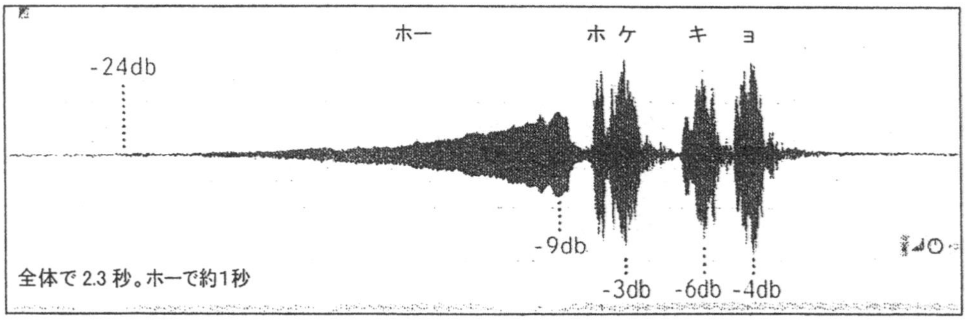
ホー
ホ ケ キ ョ
-24db
-9db
-3db -6db -4db
全体で 2.3 秒。ホーで約1秒

問2 ――②「以上を頭に入れて」とありますが、ここで筆者が「頭に入れ」るべきだと考えているものとしてふさわしいものを、次のア～オの中から一つ選び、記号で答えなさい。

ア 目に見えない音の大きさやエネルギーも、波形で表示するとわかりやすくなる。
イ 「デシベル」の「ベル」は、電話の発明者であるグラハム・ベルの名前に由来する。
ウ 音の大きさの単位である「デシベル」は「対数表示」という表し方で表される。
エ 地震のエネルギーを表すときには「マグニチュード」という単位が使われる。
オ 実際に野外で聞くウグイスの鳴き声は、近くにいると耳が痛くなるほど大きい。

問3 [A]～[D]に次のア・イのどちらかをそれぞれ入れて、文章を完成させなさい。なお、解答は記号で書きなさい。

ア 高い音　イ 低い音

問4 ――③「鳥たちは、この音の特性をうまく利用して鳴いているのです」とありますが、ここで筆者が指摘《してき》する「音の特性」とはどのようなものですか。その説明として最もふさわしい部分を本文中から五十五字でぬき出して、最初と最後の五字を答えなさい。

問5 ――④「低い音の良いところと高い音の良いところを織り交ぜた〝いいとこどり〟の鳴き方」とありますが、この鳴き方によって、どのような効果が期待できますか。説明しなさい。

2022年度

福山暁の星女子中学校　入学試験

算数

（時間50分）

【注意事項】

1　指示があるまで，中を見てはいけません。

2　開始の合図の後，解答用紙に受験番号を記入しなさい。

3　解答は，すべて解答用紙に記入しなさい。

4　問題用紙の余白は，計算用に使ってもかまいません。

5　(式)，(考え方)とある問題はとちゅうの計算なども書きなさい。

1 次の問いに答えなさい。

(1) 次の計算をしなさい。

① $6 \div 2 \times (1+2)$

② $\left(\frac{2}{3}-\frac{1}{4}\right) \div \frac{5}{8}$

③ $0.75 \div \frac{3}{8} \times \frac{1}{2} + 5$

(2) A さんは 120 km 先の目的地に向かいました。時速 48 km で進んだとき，かかった時間は何時間何分か求めなさい。

(3) 450 人の 40 % は何人になるか求めなさい。

(4) 500 円の商品を 350 円に割引きしました。何割引きされたか求めなさい。

(5)　3 で割っても 5 で割っても 2 余る 2 けたの整数のうち，最も大きい数を求めなさい。

(6)　赤・緑・青・黄の 4 色のビーズから 2 色のビーズを選ぶとき，何通りの選び方があるか求めなさい。

(7)　次の式のうち答えが 9 より小さくなるものをすべて選び記号で答えなさい。

ア）9×0.8　　イ）$9\div\frac{3}{5}$　　ウ）$9\div1.3$　　エ）$9\times\frac{5}{4}$　　オ）$9\div\frac{3}{2}$

2 次の問いに答えなさい。

(1) 大人３人，子ども５人で美術館に行きました。大人１人の入館料が子ども１人の入館料より 500 円高く，８人の合計で 7100 円でした。大人１人と子ども１人の入館料をそれぞれ求めなさい。

(式)

(2) 図のように１辺の長さが６cm の立方体があり，１辺の長さが２cm の正方形と半径が１cm の円の形に正面と上の面からまっすぐにくりぬきました。この立体の残った部分の体積を求めなさい。ただし，円周率は 3.14 とします。

(式)

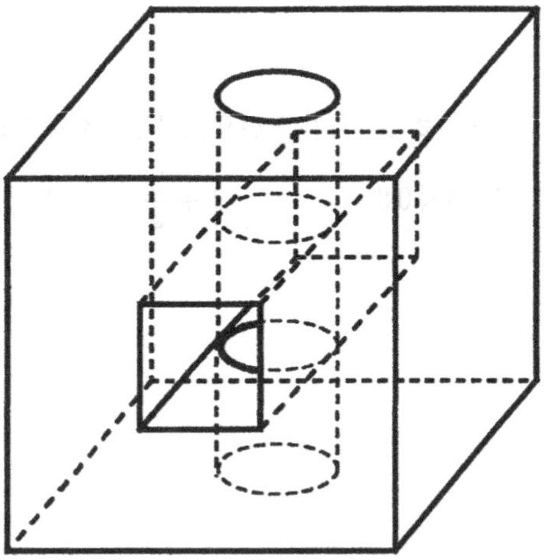

二〇二二年度　福山暁の星女子中学校　入学試験問題　国語　解答用紙

※100点満点
（配点非公表）

受験番号

一

問1

a

b

c

d　　して

e

f　　して

問2

問3

○プロレスの試合を　　　　　　ため。

問4

問5

A

B

※100点満点
（配点非公表）

受験番号	

(1)	cm^2
(2)	cm^2
(3)	cm^2

(1)	ア		イ		ウ		エ	
	オ		カ		キ			
(2)								
(3)								

2022 年度　福山暁の星女子中学校　入学試験　算数　解答用紙

1

(1)	①		②		③	

(2)	時間　　分	(3)	人
(4)	割	(5)	
(6)	通り	(7)	

2

(1)	大人　　円，　子ども
(2)	cr

3

(1)								
(2)	オ		カ		キ			
(3)	ア		イ		ウ		エ	

問7

二

問1

問2

問3

A

B

C

D

問4

〜

問5

3 Aさんは8時に家から学校へと向かい始めました。学校までの道のりの $\frac{1}{6}$ を走り，残りの道のりの $\frac{1}{3}$ を歩いて進みました。その後，登校時間に間に合わないと思い，時速 8.4 km の速さで5分間走り，学校に8時17分に到着しました。下の図はAさんが家を出発してからの時間と，進んだ道のりを表したものです。次の問いに答えなさい。

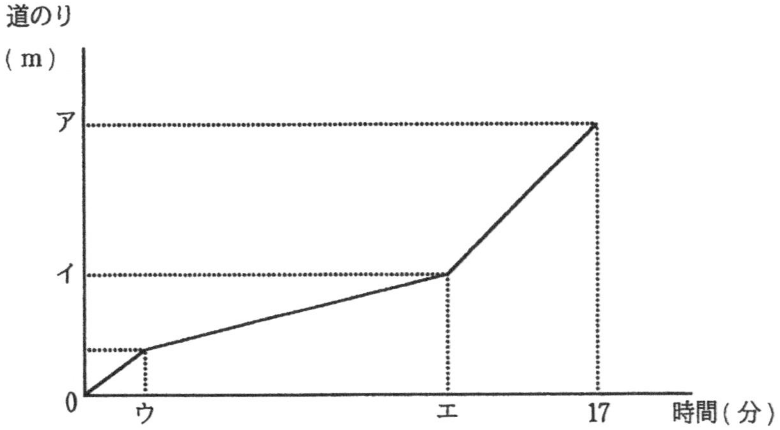

(1) Aさんが最後に時速 8.4 km の速さで走った道のりを求めなさい。

(2) Aさんの動きについて，BさんとCさんが次のように話しています。□に当てはまる分数を求めなさい。

Bさん：全体の道のりを1として分数で考えると，割合が分かりやすくなるね。
Cさん：Aさんが最初走ったのは学校までの道のりの $\frac{1}{6}$ なので，残りは［オ］だね。
Bさん：そうね。そのうちの $\frac{1}{3}$ を歩いたので，歩いた道のりは全体の［カ］となるね。
Cさん：じゃあ，最後に5分間走った道のりは全体の［キ］になるんだ。

(3) Aさんが最初に走った速さは，最後に走った速さの $\frac{1}{3}$ でした。このとき図のア，イ，ウ，エにあてはまる数をそれぞれ求めなさい。

4 様々なものを回転させてできる図形の面積を考えます。
次の問いに答えなさい。ただし，円周率は 3.14 とします。

(1) 長さ 6 cm の針金を (図 1) のように AB 上におき，
点 A を中心にして 60° 回転させました。
ここで，点 B′ は点 B が移動してできた点です。
色のついた部分の面積を求めなさい。
(式)

(図 1)

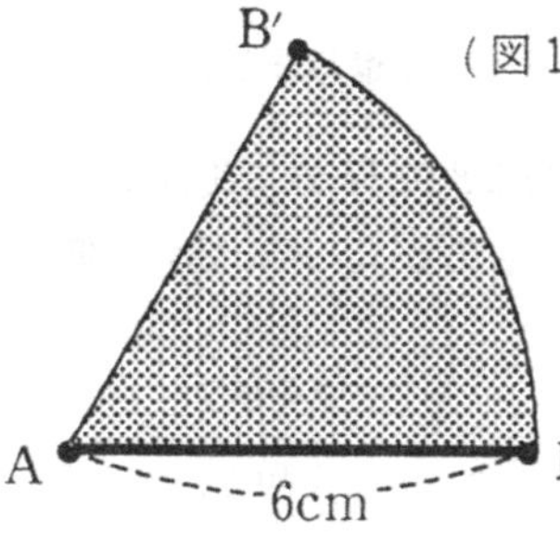

(2) AB を直径とする半円を，点 A を中心にして
60°回転させると (図 2) のようになりました。
ここで，点 B′ は点 B が移動してできた点です。
色のついた部分の面積を求めなさい。
(式)

(図 2)

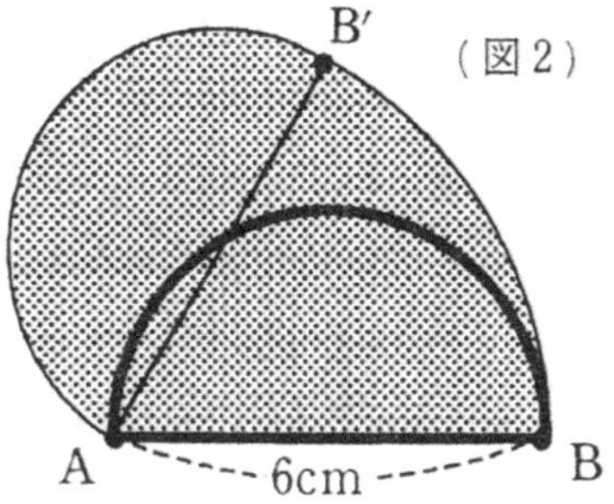

(3) 縦 8 cm，横 6 cm，対角線の長さ 10 cmの
長方形 ABCD を，頂点 A を中心にして
60° 回転させると (図 3) のようになりました。
ここで，点 B′，C′，D′はそれぞれ点 B，C，D
が移動してできた点です。
色のついた部分の面積を求めなさい。
(式)

(図 3)

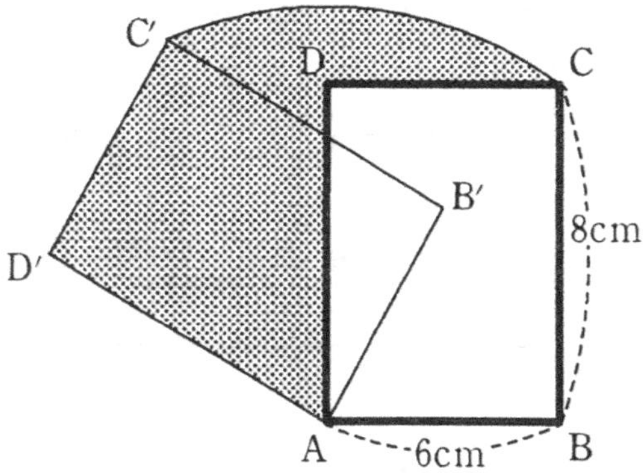

5 A◎BはAをB回かけ合わせた数の一の位の数とします。

（例） 2◎4は，2×2×2×2を計算した16について一の位の数が6になるので2◎4＝6となります。

次の問いに答えなさい。

(1) 次の表のア～キに当てはまる数をそれぞれ求めなさい。

式	2◎1	2◎2	2◎3	2◎4	2◎5	2◎6	2◎7	2◎8
答え	ア	イ	ウ	6	エ	オ	カ	キ

(2) 2◎30を求めなさい。

(式)

(3) 2◎1＋2◎2＋2◎3＋…と順に足していきます。初めて2022をこえるのは2◎Cまで足したときでした。Cの値を求めなさい。

(式)

２０２２年度

福山暁の星女子中学校　入学試験問題

適 性 検 査 １

（時間４５分）

【注意事項】

１　指示があるまで，中を見てはいけません。

２　開始の合図の後，解答用紙に受験番号を記入しなさい。

３　問題は，８つあります。

４　解答は，すべて解答用紙に記入しなさい。

５　解答用紙の※印のあるところには，記入してはいけません。

６　問題用紙の余白は，メモに使ってもかまいません。

数字の書かれたカードが一列に並んでいます。あけみさんとほしこさんは，隣《とな》り合《あ》った２枚のカードを何回か交換《こうかん》して，並べかえることにしました。

[1] [2] [3]と並んだカードを１回交換すると，
[2] [1] [3]や[1] [3] [2]にできるね。

１回の交換では[3] [2] [1]にはできないわね。

[1] [2] [3]を[3] [2] [1]に並べかえるには少なくとも３回交換する必要があるよね。

問題１　カードの枚数を１枚だけ増やし，[1] [2] [3] [4]と並んだカードを[4] [3] [2] [1]と並べかえるには少なくとも何回交換する必要がありますか。

カードの数をもっと増やして[1] [2] [3] [4] [5]を[5] [4] [3] [2] [1]に並べかえてみようか。

[5]のカードに注目すると，[5]の左には[5]より小さいカードが４枚あるので，[5]を一番左に移すには必ず４回交換する必要があるわね。

そのほかのカードも同じように考えると交換する回数は計算できそうね。

問題２　カードの枚数をさらに増やし，[1] [2] [3] [4] [5] [6] [7] [8] [9]と並んだカードを[9] [8] [7] [6] [5] [4] [3] [2] [1]と並べかえるには少なくとも何回交換する必要がありますか。二人の会話を参考にして，交換する回数とそれを求めた式を答えなさい。

あけみさんとほしこさんは，食文化について調べています。

むかしの人たちの食事を調べたわ。私たちの食生活とのちがいは何かしら。

平安時代
貴族の食事例(推定)

○白米を蒸したもの
　酒・酢《す》・塩・※醤《ひしお》
　をつけて食べる
○蒸《む》しあわび
○はまち切り身
○香物《こうのもの》
　なす・うりなど
○ゆでわかめ
○かぶの汁物《しるもの》
　味付けしていない

室町《むろまち》時代
武士の食事例

○白米
　炊《た》いたものをみそで
　味付けして食べる
○香物
○汁物
　みそ汁
　汁物（塩で味付け）
○おかず
　かまぼこ，納豆《なっとう》，
　鳥や魚の肉，野菜

江戸《えど》時代
下級武士の食事例

○白米
　炊いたもの
○香物
○汁物
　みそ汁，納豆汁
○おかず
　納豆，豆，野菜の煮物《にもの》，
　魚（月３回程度）

※　醤 … みその原型

牛肉や豚肉《ぶた》を使った料理が見当たらないわ。あと，大豆を使った食品や料理が多いわ。

大豆は弥生《やよい》時代に伝わったとされ，大豆を使った食品は奈良時代にはすでにあったけど，鎌倉《かまくら》時代から栽培《さいばい》が広まり，さまざまな食品が作られるようになったのよ。

私は大豆についていろいろ調べたわ。大豆を使った食品の種類は多いわね。

大豆を原料とする食品

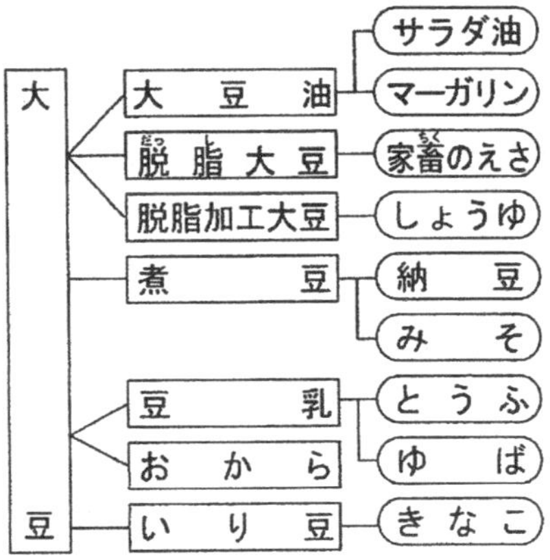

（農林水産省ホームページより作成）

国産大豆の成分

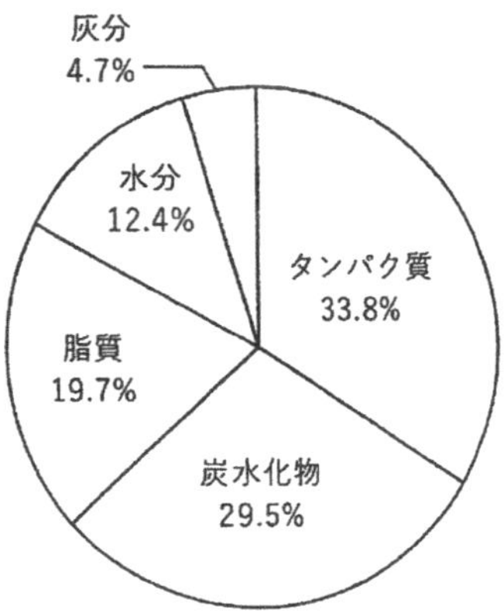

（「日本食品標準成分表 2020 年版」より作成）

問題３　むかしの人の食事に大豆でできたものが多いのはなぜですか。
「仏教」という言葉を使って説明しなさい。

あけみさんとほしこさんは，状態の変化にともなって，ものの重さがどのように変わるのかを調べるために実験をしました。

実験１

① じょうぶでしっかりとふたをすることができる集気びんを用意する。

② 集気びんの中に小さなドライアイスを入れ，しっかりとふたをする。

③ ふたをした集気びんを電子天びんにのせて重さの変化を観察する。

結果は次のグラフのようになりました。

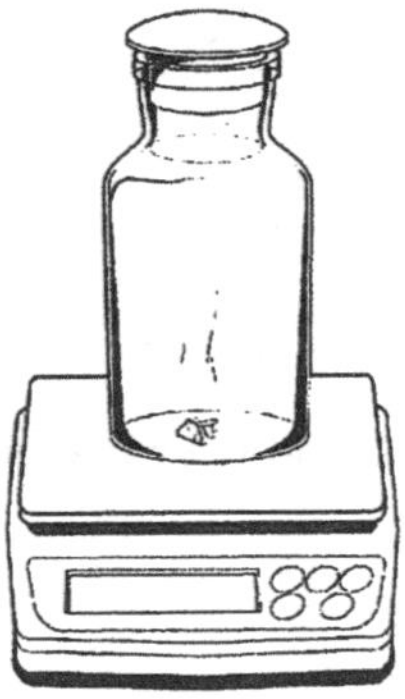
実験中の様子

結果

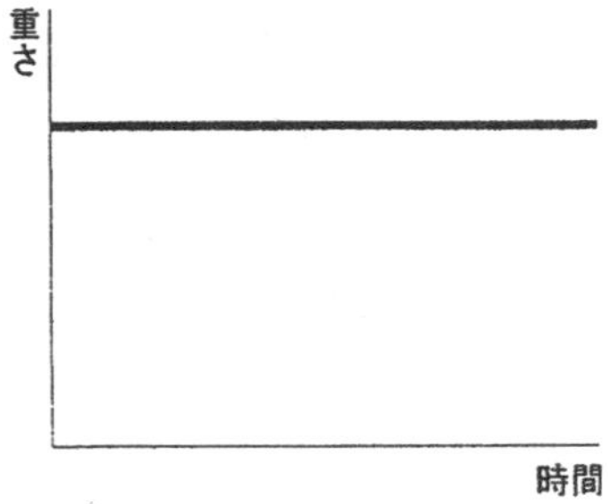

集気びんの中ではドライアイスがどんどん固体から気体に変化しているはずなのに，重さは変化していないわ。

物質の出入りがなければ，固体から気体に変わっても全体の重さは変化しないということね。

別の日，２人は改めて同じような実験をしました。ただし，この日は集気びんが他の実験で使われていたので，代わりにビニール袋を利用しました。

実験２

ドライアイスをビニール袋に入れ，袋の口をしばった後，すぐに電子天びんに乗せて重さの変化を観察する。

結果は次のグラフのようになりました。

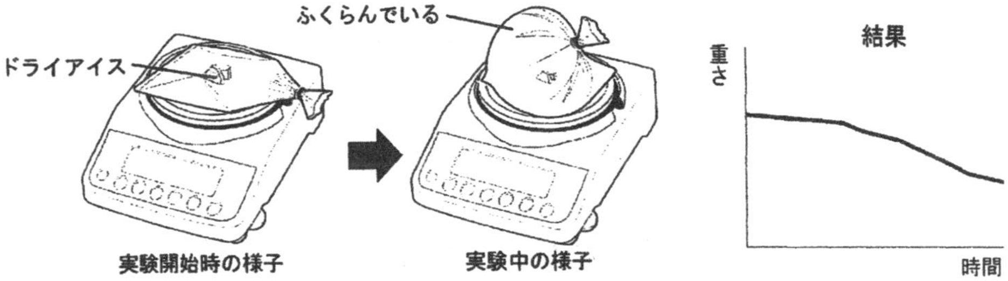

あれ，この前とちがって重さがどんどん減っている…。

集気びんのときとちがって，ビニール袋がふくらんでいるわね。

そういえば，前にソーラーバルーンを飛ばしたのと関係があるかしら。

ソーラーバルーンの飛ばし方

① ごみ袋を何枚かつなぎあわせて大きな１枚の袋を用意する。

② 空気を少し入れ，口を閉じて太陽の光を当てる。

③ 袋の中の空気が熱せられ，ふくらんだビニール袋は飛んでいく。

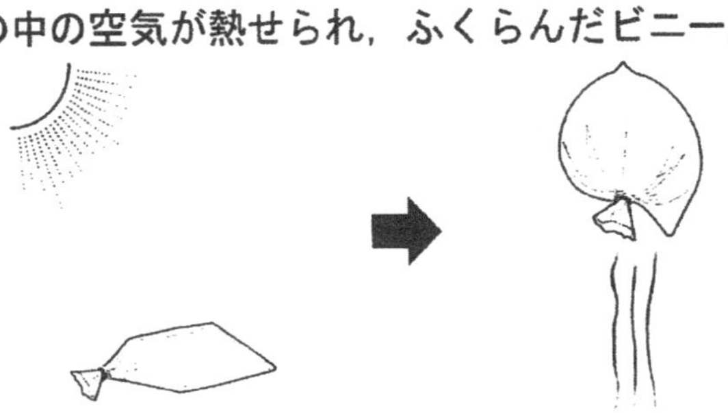

問題４　**実験２**において，時間がたつにつれて重さが減った理由を答えなさい。

あけみさんとほしこさんは，水のよごれについて話し合っています。

これは湖によごれた水が流れこんだ時の水中の酸素量の変化を表したグラフよ。

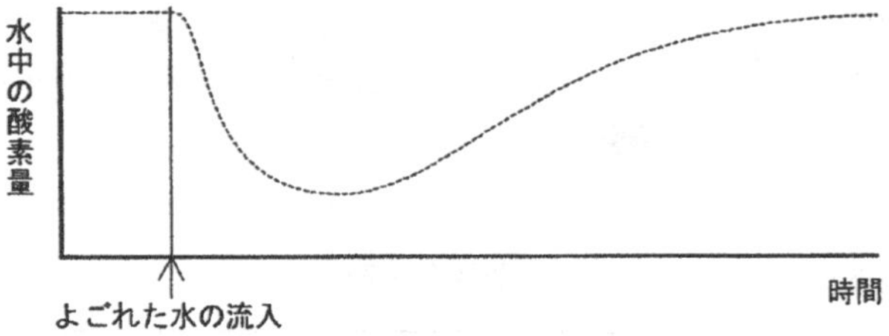

よごれた水が流れこむと，酸素量が急に減少するけれど，しばらくしてまた回復してくるのね。

じゃあ，このような変化が起こる理由を考えてみよう。次は湖によごれた水が流れこんだ時の水中の生物の個体数の移り変わりを表したグラフよ。

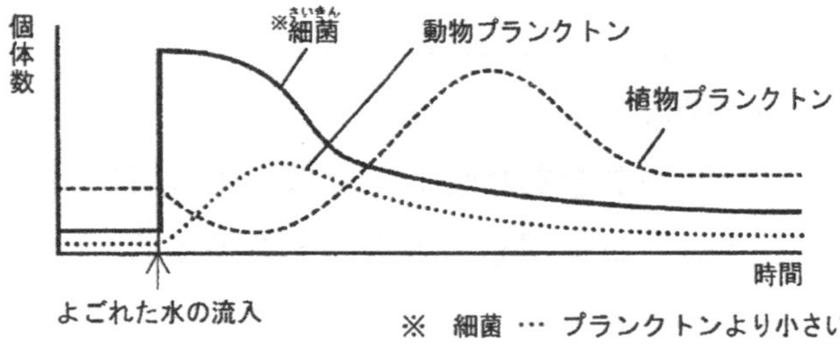

※　細菌 … プランクトンより小さい微《び》生物

よごれた水が流れこむと，そのよごれの原因となる物質をエサにしている細菌の数が急に増えるけれど，その後は減少しているわ。

問題５　水中の細菌の数は，よごれた水が流れこんだときに急に増えました。その後，時間がたつにつれて減っていった理由を答えなさい。

その後，植物プランクトンが増加しているわ。

よごれた水を細菌が分解するときにできた成分が植物プランクトンの養分となるのよ。

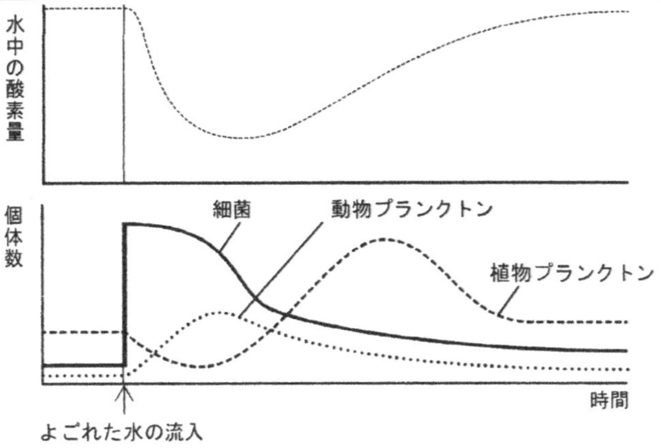

あっ！こうやって2つのグラフをたてに並べてみると，水中の酸素量がこのような変化をした理由がわかってきたわ！

問題６　水中の酸素量について，よごれた水が流れこんだときに急に減った理由と，その後，時間がたつにつれて増えていった理由を答えなさい。

あけみさんとほしこさんは，日本地図を見て，気候や降水量について話し合っています。

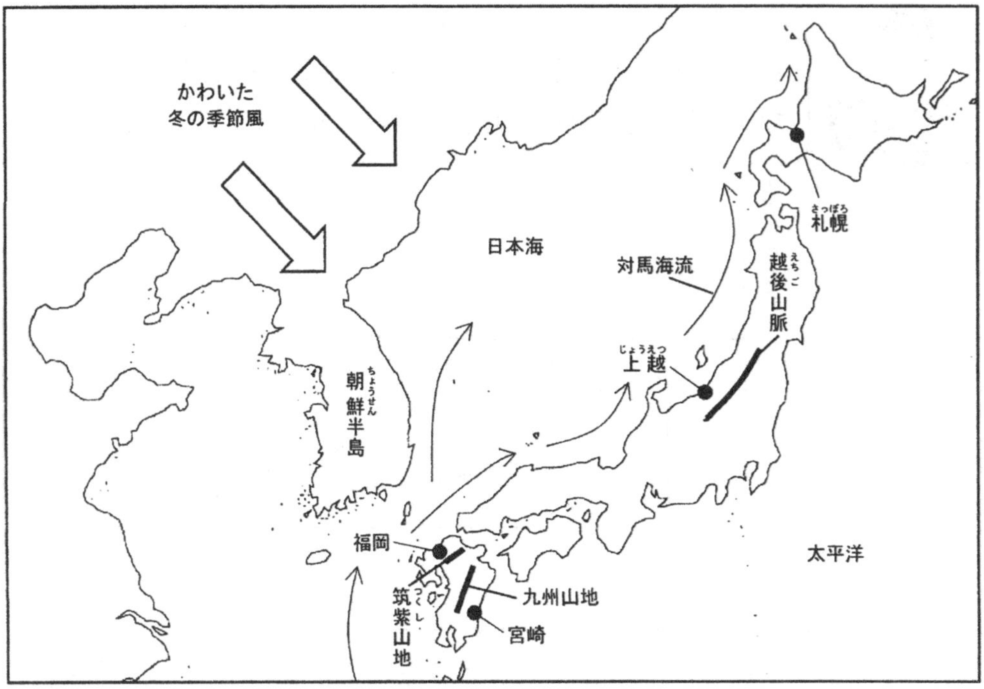

上越市では１月ごろになると，１メートル以上雪が積もる日があるらしいわ。しめった風が雲をつくって，雪を降らせるのよね。

冬の気候のようす

でも，地図を見ると「かわいた冬の季節風」って書いてあるわ。どうやってしめった風に変わるのかしら。

問題７　冬，上越市の上空に雪を降らせる雲ができるまでの流れを地図や図を参考に，そこに書いてある言葉を使って答えなさい。

福岡市は日本海に面しているけど，気候区分では太平洋側の気候になるのよね。日本海に面しているのになぜかしら。

そうよね。冬の日照時間を見るとたしかに太平洋側の気候の宮崎市より，日本海側の気候の上越市のほうに近いよね。

福岡，宮崎，上越の日照時間の比《ひ》較《かく》

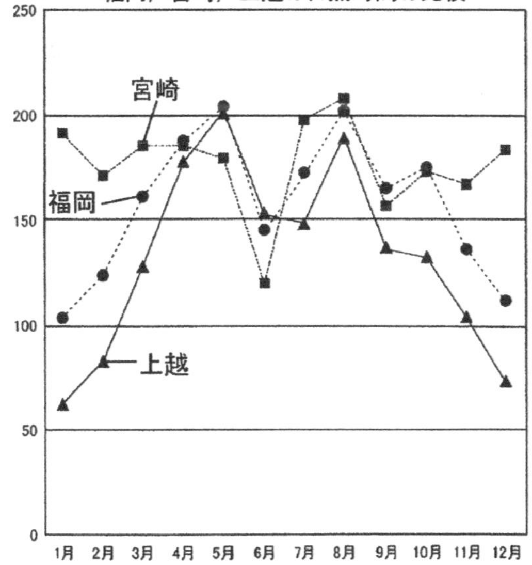

（気象庁ホームページより作成）

上越市と同じように日照時間が短いということは，雲が多いということよね。福岡市の降水量も多くなるのかしら。

うーん。冬の降水量を見ると福岡市の降水量は宮崎市のほうに近くなるよ。

福岡，宮崎，上越の降水量の比較

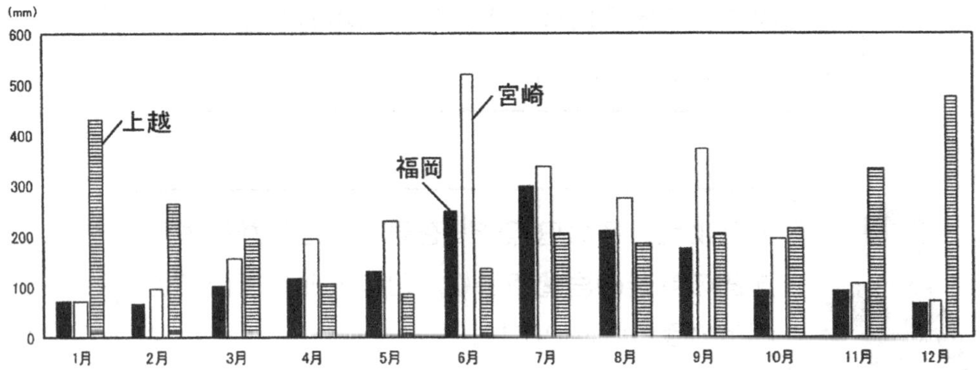

（気象庁ホームページより作成）

問題８　雲が多いにもかかわらず，上越市と比べて福岡市の冬の降水量がかなり少ない理由を，地図に書いてある言葉を使って答えなさい。

二〇二二年度

福山暁の星女子中学校　入学試験問題

適性検査２

（時間四十五分）

【注意事項】

1　指示があるまで、中を見てはいけません。

2　開始の合図の後、解答用紙に受験番号を記入しなさい。

3　解答は、すべて解答用紙に記入しなさい。

4　解答用紙の※印のあるところには、記入してはいけません。

5　問題用紙の余白は、メモに使ってもかまいません。

【問題】 次の《資料》を読んで、あとの《問い》に答えなさい。

《資料》

「幸せ」の正体、四つの力とは

幸福学研究の第一人者・慶応《けいおう》大大学院 前野《まえの》隆司《たかし》教授に聞く

（二〇二一年三月一日 中国新聞デジタル）

お詫び
著作権上の都合により、文章は掲載しておりません。
ご不便をおかけし、誠に申し訳ございません。
教英出版

お詫び
著作権上の都合により、文章は掲載しておりません。
ご不便をおかけし、誠に申し訳ございません。
教英出版

（注）

＊ 因子……ある結果を成立させるもととなる要素や条件。

２０２２年度　福山暁の星女子中学校　入学試験問題

適性検査１　解答用紙

受験番号	第　　　　番

※100点満点
（配点非公表）

※

1※

問題１

回

問題２

回

【解答

２０２２年度　福山暁の星女子中学校　入学試験問題

適性検査１　解答用紙

受験番号	第　　　　番

※

問題５

５※

問題６

400

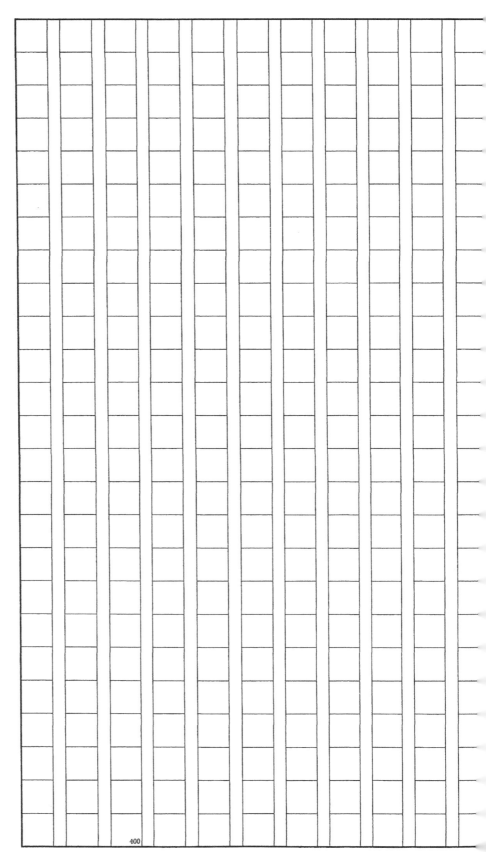

二〇二二年度　福山暁の星女子中学校　入学試験問題

適性検査２　解答用紙

受験番号	第　　　　番

※100点満点
（配点非公表）

※

6※

問題７

7※

問題８

8※

2※

問題３

3※

問題４

4※

《問い》

《資料》にある、幸せにつながる四つの因子のうち、人間の幸せにとってあなたが大切だと考える因子はどれですか。一つ選んで、あなたの考えをあとの《条件》に合うように述べなさい。

《条件》

(1) 解答は四〇〇字前後で記すこと。

(2) 全体を四つの形式段落で構成すること。各段落に記す内容については、次の①～④に従うこと。

① 一段落目で、自分の〈意見・主張〉を明示すること。

② 二段落目では、自分が「なぜそう考えるのか」説明するための〈理由〉を挙げること。

③ 三段落目では、二段落目で述べた〈理由〉を補強するための〈具体例〉を挙げること。

④ 四段落目は、〈まとめ〉の段落とすること。

(3) 原稿《げんこう》用紙の使用上のルールを守ること。